CB061798

Copyright © 2016
Pallas Editora

Editoras
Cristina Fernandes Warth
Mariana Warth

Coordenação editorial, diagramação e capa
Aron Balmas

Preparação de originais
Eneida D. Gaspar

Revisão
Dayana Santos

(Este livro segue as novas regras do Acordo Ortográfico da Língua Portuguesa.)

Todos os direitos reservados à Pallas Editora e Distribuidora Ltda.
É vetada a reprodução por qualquer meio mecânico, eletrônico, xerográfico etc., sem a permissão por escrito da editora, de parte ou totalidade do material escrito.

CIP-BRASIL. CATALOGAÇÃO-NA-FONTE
SINDICATO NACIONAL DOS EDITORES DE LIVROS, RJ

P921m
   Praia, Alzira da Cigana da
     Exu Tiriri / Alzira da Cigana da Praia. - 1. ed. - Rio de Janeiro : Pallas, 2015.
   182 p. : il. ; 17 cm.

   Inclui bibliografia
   ISBN 978-85-347-0534-9

1. Umbanda. 2. Deuses da umbanda. 3. Exu (Orixá). I. Título.

15-27923   CDD: 299.672
                                                             CDU: 299.6

Pallas Editora e Distribuidora Ltda.
Rua Frederico de Albuquerque, 56 – Higienópolis
CEP 21050-840 – Rio de Janeiro – RJ
Tel./fax: 21 2270-0186
www.pallaseditora.com.br
pallas@pallaseditora.com.br

EXU TIRIRI

Alzira da Cigana da Praia

Rio de Janeiro
2016

Pallas

Sumário

Palavras iniciais

9 *Sobre a umbanda e a quimbanda*
12 *Sobre exus e pombagiras*

Alguns temas importantes

17 *Sobre as bebidas alcoólicas*
19 *Sobre o fumo*
21 *Sobre as oferendas*
24 *Sobre alguns ingredientes e como obtê-los*

Conhecendo Exu Tiriri

27 *Quem é Exu Tiriri*
35 *Como Exu Tiriri se manifesta, 35*

35   Aspecto físico
38   Indumentária
42   Elementos de trabalho de Exu Tiriri

Trabalhando com Exu Tiriri

49 *Uma casa para o Sr. Tiriri*
50   Sobre o assentamento
54   Sobre a firmeza
59 *Oferendas para Exu Tiriri*
60   Comidas para o Sr. Tiriri, e como servi-las
63   Ebós para o Sr. Tiriri

Rituais e feitiços na força de Exu Tiriri

75 *Rituais*
75   Banhos de limpeza e descarrego
80   Defumações
82   Sacudimentos
89 *Feitiços e encantamentos*
89   Patuás
93   Pós para encantamentos
97   Trabalhos diversos

Pontos de Exu Tiriri

123 *Pontos cantados*
129 *Pontos riscados*

135 Anexo: Ervas de Exu

179 Referências

Palavras iniciais

Sobre a umbanda e a quimbanda

Desde o século XVI, o Brasil, como colônia portuguesa, recebeu muitos imigrantes voluntários ou forçados. Os europeus trouxeram as crenças e práticas do catolicismo popular ibérico — rezas, santos, demônios, feitiços, ervas, adivinhações —, que encontraram as dos povos indígenas e geraram cultos como o catimbó.

Os africanos criaram candomblés, batuques e outros cultos. Neles vivem os Seres das religiões dos diversos povos que se encontraram aqui, e mais alguns: deuses e espíritos ancestrais da África, o Deus e os santos católicos, os indígenas "donos da terra" — os caboclos —, os mártires escravos — os pretos-velhos —, e os feiticeiros, malandros, ciganos e aventureiros — o povo da rua.

No século XIX, a elite de origem europeia trouxe da França o espiritismo, que criou novas formas de ligação entre os vivos e os espíritos, e foi bem aceito pelas classes médias nas cidades.

Em 1908, o Caboclo das Sete Encruzilhadas, manifestando-se através do médium espírita Zélio Fernandino de Morais, anunciou a fundação de uma nova religião que daria voz aos espíritos considerados atrasados e indesejáveis pelo espiritismo da época: os negros e os indígenas. Estava criada a umbanda.

Os caboclos, os pretos-velhos e as crianças ficaram na umbanda, organizados em sete linhas: de Oxalá, de Iemanjá, de Xangô, de Ogum, de Oxóssi, das Crianças e Africana.

O povo da rua foi para a quimbanda, que é uma imagem no espelho da umbanda, povoada por exus (masculinos) e pombagiras (femininas). Essas entidades, de acordo com a sua origem, se organizam em sete linhas divididas em legiões e falanges: de Malei, das Almas, dos Caveiras, Nagô, de Mossurubi, dos Caboclos Quimbandeiros e Mista. E de acordo com seu local de trabalho ou morada, se dividem em sete reinos, cada um reunindo vários povos: os reinos das Encruzilhadas, dos Cruzeiros, das Matas, da Calunga, das Almas, da Lira e da Praia.

As entidades de quimbanda são comandadas pelos orixás Exu e Omolu. Dizem que Exu é o diabo, mas isso é errado. O orixá é mensageiro do Senhor do Destino, e determina o sucesso ou fracasso em nossos caminhos, conforme obedeçamos ou não às leis divinas. E é o Senhor da Vida, pois comanda a sexualidade, sem a qual a humanidade não se reproduziria.

Dizem que Omolu é maligno, mas não é bem assim. Ele é o Senhor da Terra e dirige o ciclo da natureza pelo qual os seres morrem para que outros possam viver. Entre outras coisas, é quem governa as doenças e epidemias: por isso ele parece tão assustador. Mas temos de ver que até a doença faz parte do ciclo em que um organismo luta pelo alimento, sofre os efeitos do envelhecimento e por fim serve para alimentar outros.

Sobre exus e pombagiras

Alguns dizem que os exus e as pombagiras só fazem o mal; mas isso não é verdade. Essas entidades são guardiãs, atuando especialmente nas passagens e nos portais: o ponto onde os caminhos da Terra se encontram, a fronteira entre os mundos dos vivos e dos mortos. Esses são os dois grandes domínios da quimbanda: o mundo "da ruas" e o dos mortos. Na divisão de tarefas da quimbanda, Exu, ligado à vida, governa o povo da rua (os exus das encruzilhadas, da natureza, etc.). Já Omolu, por sua ligação com a morte, governa os exus que formam o povo do cemitério.

Cada pessoa tem junto de si pelo menos uma dessas entidades, além dos seus guias da umbanda. E quem cuida bem de seu guardião (ou sua guardiã) tem sua proteção garantida e os caminhos abertos por toda a vida.

Dizem que essas entidades são interesseiras, e por isso precisam ganhar presentes. Mas em todas as religiões, a oferenda é uma forma de entrar em contato e sintonia com um ser espiritual através de um pequeno sacrifício, uma doação. Tanto que uma oferenda feita de modo mecânico não tem efeito: quando você dá um presente, seja a um deus, a um santo ou a um exu, o essencial é a comunicação com essa entidade. Você pensa nela quando escolhe o que fazer e se concentra fortemente em tudo que simboliza a entidade; você conversa com ela enquanto prepara e entrega a oferenda. E assim cria, cultiva e fortalece o laço espiritual com seus guias e guardiões.

Os exus e as pombagiras lidam com dois tipos de problemas: os "de casa" — amores, rivais, sedução, sexo — e os "de fora de casa" — ter um emprego, ganhar dinheiro, ter sucesso num negócio, sobreviver aos perigos das ruas, vencer os inimigos.

Exus e pombagiras jovens são muito ligados às paixões, sejam elas referentes ao amor, dinheiro, sucesso ou poder. Já as entidades mais velhas são feiticeiras poderosas, que dominam os mistérios da vida e da morte. Suas cores, em geral, são o preto da terra, do mistério e da magia, e o vermelho da vida, do sangue e do fogo. As entidades ligadas ao cemitério também podem usar o branco do osso, da morte purificada, do embrião que dorme na terra antes de nascer.

Embora todas essas entidades costumem ser alegres e irreverentes, as pombagiras são mais sedutoras e os exus são mais brincalhões (quando não são sérios ou ameaçadores). Mas não devemos nos iludir: esse comportamento pode ser apenas uma forma de nos fazer aceitar o fato de que "o hábito não faz o monge", e não devemos julgar ninguém pelas aparências.

Por fim, não custa lembrar: exus e pombagiras são guardiões das leis fundamentais da vida. Toda causa tem um efeito, todo ganho tem seu preço. Toda promessa tem de ser paga, e a entidade irá cobrá-la de uma forma ou de outra — nem sempre agradável para quem tentar trapacear.

Devemos lembrar ainda a lei espiritual do retorno, pela qual tudo que enviamos a alguém volta a nós três vezes. E para terminar, como diziam os antigos, devemos ter cuidado com o que pedimos, pois podemos ser atendidos, mas de uma forma que não tínhamos imaginado.

Tenha certeza de que um exu ou uma pombagira não vai lhe dar esses avisos. Para eles, você tem de pensar pela própria cabeça e arcar com as consequências das suas decisões. É por isso que eles parecem atender a qualquer pedido, sem ética. Mas, para eles, o pedido é seu: se você fez a escolha errada, não cabe a eles avisar ou aconselhar.

Você é quem terá de aprender a lição pelo pior caminho, se for preciso. Então, pense bem antes de fazer pedidos a esses guardiões, para aproveitar melhor o seu auxílio. E lembre-se de que o pedido está no seu coração, não só nas palavras.

Dito isto, vamos falar agora de uma entidade muito especial: o Sr. Exu Tiriri. Da sua história, do que ele gosta, do que pode fazer por você e do que você pode fazer para obter a sua proteção e ajuda.

Alguns temas importantes

Sobre as bebidas alcoólicas

Exus bebem cachaça, certo? E Pombagiras gostam de champanhe. Assim como os orixás guerreiros apreciam cerveja, os Pretos-velhos pedem uma dose de vinho tinto e assim por diante. As bebidas alcoólicas fazem parte da tradição das religiões afro-brasileiras. Entretanto, algumas vertentes criticam o seu uso, com base na ideia de que o álcool, responsável por um dos mais graves vícios que escravizam a humanidade, é danoso para o campo espiritual do médium. O resultado é uma proposta de banir completamente essas bebidas do culto. Mas será que isso está totalmente correto?

Uma falha pode ser detectada nesse raciocínio. Ele parte, corretamente, da percepção dos males do alcoolismo, mas não leva em conta as diferentes formas de uso das bebidas ao propor seu total banimento. E muita gente pode estar se perguntando: afinal, quem está certo: os que mandam usar a bebida, ou os que a condenam?

Para chegar a uma posição equilibrada entre os extremos, precisamos fazer uma distinção entre a bebida-oferenda e a libação ritual. A oferenda é uma entrega simbólica a uma entidade do plano espiritual. É como a fogueira feita pelos antigos gregos, que alimentavam seus deuses com a fumaça dos alimentos queimados que subia ao céu, não com a comida em si. Na oferenda, ninguém é afetado fisicamente pela bebida, pois ela é posta nos locais onde as entidades recebem as homenagens. Portanto, não há nenhum problema no uso das bebidas alcoólicas em oferendas.

A bebida sagrada dos exus em geral, que deve ser usada preferencialmente nas suas oferendas, tanto junto aos assentamentos quanto nos locais de arriada, é a cachaça. A das pombagiras costuma ser o champanhe. E isso é verdade mesmo para os exus mirins, pois eles são entidades espirituais que se apresentam desta forma, não crianças reais.

Já no caso da libação durante os rituais religiosos (ou seja, a bebida tomada pelo médium com a entidade incorporada), o problema é diferente. É exatamente aqui que devem ser levados em conta os efeitos físicos e espirituais do uso de bebidas alcoólicas. E nada mais justo: afinal, o líder religioso é responsável pela segurança e pelo crescimento espiritual dos membros da Casa que dirige.

Aqui encontramos algumas variações. As diversas vertentes da umbanda têm orientações diferentes sobre as bebidas rituais. Algumas consideram natural que as entidades utilizem bebidas alcoólicas. Outras desencorajam e até proíbem essa prática. Assim, enquanto em algumas casas o exu toma cachaça e a pombagira bebe champanhe, em outras usará bebidas alcoólicas mais leves ou se absterá totalmente do álcool.

Sobre o fumo

O uso do fumo na religião merece uma reflexão semelhante à feita para as bebidas. A ciência comprovou há bastante tempo que o cigarro, o charuto, o cachimbo e outras formas de fumar afetam nossa saúde de várias formas: prejudicam os pulmões, causam problemas no coração e no aparelho circulatório, aumentam o risco de desenvolver alguns tipos de câncer. E esses problemas não afetam só o fumante: quem está perto dele também é atingido pelas substâncias venenosas do fumo. O que é muito pior do que a bebida, que afeta diretamente apenas o organismo de quem bebe.

Mas diversas religiões aceitam e adotam o fumo em seus ritos. Essa prática veio de tempos antigos, quando não se conheciam os efeitos maléficos do fumo e se pensava que a fumaça era apenas uma boa e inocente forma de limpar matéria e energia. Além disso, em geral, o uso do fumo era praticamente restrito aos rituais: o ato de fumar, que sabemos ser viciante, não era estimulado e difundido a ponto de hoje estarmos submetidos aos seus efeitos a cada passo. Também temos de pensar que, até poucos séculos atrás, a expectativa de vida das populações era muito pequena, e simplesmente não havia tempo de aparecerem as doenças que se desenvolvem devagar.

Mas a solução não é simples. Não se pode decretar: a partir de agora ninguém mais fuma! Nem Caboclo, nem Exu, nem Preto-velho, nem Mestre de Jurema... E como eles farão suas purificações? Como farão suas curas e suas magias? Esses ritos fazem parte da essência, da tradição, do fundamento de várias religiões brasileiras. Qualquer tentativa de interferência seria, além de desrespeitosa, uma forma de conduzir os rituais ao erro.

Então, um desafio para o dirigente religioso será equilibrar o uso necessário do fumo nos rituais da sua Casa com a proteção aos seus frequentadores e aos médiuns através dos quais as entidades têm contato com o fumo.

Sobre as oferendas

Para apresentar as oferendas diante da imagem da entidade, na casa religiosa ou na residência do devoto, durante o tempo de preceito, é costume usar alguidares de barro ou louça para as comidas, copos ou taças de vidro para as bebidas, cestos para frutas etc. Esses utensílios, é claro, devem ser comprados e consagrados para uso exclusivo em oferendas, de acordo com os preceitos religiosos. Uma preparação bem simples que pode ser feita pelo fiel consiste em lavar os utensílios com cachaça antes de os pôr em uso.

Mas convém pensarmos um pouco mais na hora de colocar uma oferenda na natureza. Existem alguns segredos que tornam a entrega das oferendas um ritual de harmonia com as forças e entidades que honramos. E esses segredos devem ser conhecidos por quem trabalha com as entidades dos caminhos, para garantir um melhor relacionamento com esses guardiões e com o ambiente que eles governam.

Um dos segredos é o uso de folhas como recipientes, no lugar das tigelas, bandejas, toalhas e cestas. A folha pode ser posta em qualquer lugar sem risco de poluição: se estiver no mato ou num jardim, será reabsorvida pela natureza; numa rua ou estrada, será igual aos resíduos das plantas que vivem no lugar e, mesmo sendo recolhida para o lixo comum depois de passado o tempo necessário, se desfará rapidamente junto com a comida que estava sobre ela.

O recipiente tradicional para arriar os ebós de Exu é a grande folha da mamona, podendo ser empregada a folha verde ou a da variedade vermelha. Outra possibilidade é usar um trançado feito com folhas da palmeira-africana, no feitio de esteira ou cesta. Para quem tiver dificuldade de conseguir essas folhas, uma outra possibilidade é o uso de um papel que se desfaça com facilidade e rapidez, como o papel de seda ou o guardanapo de papel.

Nessa mesma linha de pensamento da oferenda limpa, as bebidas não são arriadas em garrafas e copos, mas totalmente derramadas em volta da oferenda, sendo os recipientes trazidos de volta. Aliás, isso está de acordo com a forma ritual mais correta desse tipo de oferenda, feita desde os tempos dos gregos e romanos: a parte dos deuses é derramada para "alimentar a terra". Charutos, cigarros e velas também são postos no lugar adequado, sem embalagens nem recipientes, e deles só restará um pouco de cinzas e os vapores dispersos no ar.

Para terminar, devemos lembrar que a oferenda não é uma brincadeira de salão nem um joguinho de feitiçaria. A preparação e a entrega das oferendas são rituais litúrgicos que exigem um profundo conhecimento dos segredos da religião. Mas o fiel de boa vontade pode fazer oferendas mais simples, partindo da premissa de que a entidade vai ler o que está no seu coração e perdoará pequenos deslizes na forma se a intenção for sincera.

Sobre alguns ingredientes e como obtê-los

As práticas litúrgicas e mágicas necessitam de diversos ingredientes, objetos e materiais que muitas vezes são conhecidos apenas pelos praticantes. Além disso, especialmente no caso das ervas, é comum que em diferentes regiões do país elas sejam conhecidas por nomes diferentes. O resultado é que quem está começando a conhecer o assunto, fica preocupado com a possibilidade de não obter os materiais que aparecem nas receitas.

Para tentar diminuir um pouco essa ansiedade, aqui vão algumas dicas sobre como obter esses produtos.

Ervas frescas

Podem ser compradas em lojas de artigos religiosos, feiras livres, mercados especializados e erveiros. Em geral, mesmo que você não conheça a erva, o vendedor irá dar as informações necessárias com honestidade. Prefira sempre a erva fresca, pois caixas com ervas secas são muito sujeitas a fraudes.

Produtos religiosos especiais

Este grupo inclui favas, ferramentas e utensílios de entidades, imagens, defumadores, essências, extratos e materiais raros, como penas, pelos etc. Estes produtos, sejam nacionais ou importados da África, são encontrados apenas em lojas de artigos religiosos. Mas todas costumam tê-los. E como acontece com os erveiros, os funcionários dessas lojas costumam se dispor a orientar seus clientes com toda a honestidade.

Outros produtos

Velas, tigelas, copos, panos, bebidas, comidas, etc. tanto podem ser adquiridos em lojas de artigos religiosos quanto no comércio comum. O essencial é que sejam comprados com a finalidade específica de serem usados para a entidade: o que não se deve fazer é misturar o uso cotidiano com o religioso.

Conhecendo Exu Tiriri

Quem é Exu Tiriri

Se você procurar informações sobre o Sr. Tiriri, irá ler e ouvir coisas bem diferentes. No fim das contas, ficará sem saber bem o que pensar.

Bem, vamos tentar desvendar um pouco desse mistério.

Para começar, vamos deixar bem claro que, quando se trata da sabedoria e da simbologia religiosa, não podemos falar de certo e errado, verdadeiro e falso. Só podemos dizer que diferentes pessoas, grupos ou sociedades podem partir de um determinado elemento, igual para todos no mundo inteiro (como o Céu, a Terra, o Sol, o nascimento e a morte) e, de acordo com suas experiências próprias, descrever e representar esse elemento de modos diferentes.

É como se diz: todos os deuses são um Deus. As diferenças são apenas a "casca", a roupa, e elas aparecem porque cada indivíduo ou povo descreve e interpreta a divindade usando as palavras da própria linguagem, forjada por sua própria experiência, pelo tempo e o lugar em que vive.

Além disso, muitas vezes as entidades são um pouco mais complexas do que as aparências sugerem, e até podem dar determinados nomes ou se manifestar de certas formas em função de um objetivo conhecido só por elas. Este ou aquele nome pode ser apenas uma forma de facilitar a nossa compreensão sobre elas, não uma identidade "verdadeira" no sentido comum para nós.

Assim, se queremos entender realmente uma entidade, não podemos ficar presos à experiência de uma única pessoa, de um único templo, de uma única vertente religiosa. É um erro considerar que as visões alheias estão erradas, apenas porque são diferentes da nossa. Por isso, nada aqui será dito como verdade categórica, mas como diferentes experiências com o Sr. Tiriri.

Dito isto, vejamos o que o povo fala sobre o Sr. Tiriri. E não são curiosos falando. São pessoas do Povo do Santo: seguidores, membros do clero, pais e mães de santo com grande experiência e sabedoria.

O que os mestres sabem e contam é que existem muitos Tiriris, ou caminhos de Exu Tiriri. Tiriris com aspectos, histórias e poderes variados. Como desvendam os sábios, Tiriri não é necessariamente o nome de cada entidade individual, mas a identificação adotada por um grande grupo de entidades afins, para facilitar seu contato com os fiéis aqui na Terra.

Além disso, muitos fiéis relatam conhecer o Sr. Tiriri trabalhando na vibração de diferentes orixás, como Ogum, Oxóssi etc. Isso não significa que uns estão certos e outros errados, mas que o Sr. Tiriri tem um amplo leque de atuação e muitos modos de chegar a nós.

Exu Tiriri e a Ibejada

Na concepção da quimbanda, o mundo dos exus é chefiado pelo orixá Exu, o Maioral. Abaixo dele, formando o seu "Estado Maior", ficam sete grandes exus, cada um dos quais chefiando uma das linhas da quimbanda. Para muitos, o Sr. Tiriri é um desses sete grandes exus. Nessa posição, ele comanda a linha da quimbanda correspondente à Ibejada (Linha das Crianças ou de Yori da umbanda). Esse caminho de Tiriri se apresenta como um adolescente, com características de menino de rua, e é conhecido como Tiriri ou Tiriri Menino.

Encontramos essas características nas imagens mais tradicionais presentes nos templos de umbanda, identificadas apenas como Exu Tiriri, sem qualificações específicas. Isso faz supor que esse caminho de Tiriri pode ter sido o primeiro ou um dos primeiros a se manifestarem nos terreiros. Com efeito, a maioria dos religiosos associa o Sr. Tiriri à Linha de Yori. Assim, é possível que esta seja a vibração primária de Exu Tiriri, sendo as demais o que chamamos de vibrações cruzadas.

Exu Tiriri e Oxalá

Uma visão um pouco diferente diz que Exu Tiriri chefia uma das falanges da Linha de Malei, que é uma das sete linhas comandadas pelo Estado Maior do Exu Maioral da quimbanda. A Linha de Malei, chefiada por Exu Rei, tem correspondência com a linha de Oxalá da umbanda. Assim, dentro dessa concepção, Exu Tiriri tem uma relação, mesmo que indireta, com nosso Pai Oxalá. Esse exu domina o poder da vidência e é muito invocado nas adivinhações. Como senhor dos caminhos, também atua no campo da prosperidade, do sucesso e da felicidade.

Exu Tiriri e Oxóssi

Como vimos lá no início, as entidades da quimbanda se dividem em sete reinos, e cada reino em sete povos, de acordo com seus locais de trabalho ou moradas. Um deles é o Reino das Encruzilhadas, chefiado pelo Exu Rei das Sete Encruzilhadas e pela Pombagira Rainha das Sete Encruzilhadas. A função principal das entidades desse reino é abrir os caminhos para os guias, os sacerdotes e os frequentadores dos templos de umbanda.

Dentro do Reino das Encruzilhadas, Exu Tiriri chefia o Povo da Encruzilhada da Mata. Neste caminho é denominado Tiriri das Matas e tem afinidade com o Povo das Matas da umbanda, cujo chefe é Oxóssi. Vem daí a afinidade que muitos identificam entre Tiriri e esse orixá.

Segundo alguns mestres, Exu Marabô acompanha Tiriri, juntamente com Exu Tranca-rua. Marabô chefia a linha da quimbanda correspondente à Linha de Oxóssi da umbanda. Na Linha de Exu Marabô existe um Exu Lonã, que faz a ligação dessa linha com a Ibejada. Esse nome — Lonã — é dado a um dos caminhos de Tiriri.

Exu Tiriri e Ogum

O candomblé considera que existem dezesseis caminhos de Exu. Sendo Exu um servo das outras divindades, cada um dos seus caminhos acompanha um orixá. No candomblé, Exu Tiriri, também conhecido como Tiriri Lonã, é o acompanhante de Ogum, sendo ambos donos dos caminhos da Terra. Com efeito, o nome Lonã, segundo os mestres da religião, vem do iorubá Lonan, que pode ser traduzido como Senhor dos Caminhos.

Nessa manifestação, Tiriri abre os caminhos, vence demandas, quebra feitiços maléficos e os devolve a quem os mandou.

Exu Tiriri e Xangô

Alguns sacerdotes afirmam que Exu Tiriri é chefe de uma falange que trabalha nas encruzilhadas em caminhos de terra, nos campos. Essa falange pertence à linha da quimbanda correspondente à Linha de Xangô da umbanda. Esse caminho, conhecido como Tiriri das Encruzilhadas, tem como especialidade proteger e apoiar contra disputas e questões judiciais em todos os aspectos da vida. Os que o conhecem dizem que é alegre, dá boas risadas, que são sua marca registrada, mas se comporta de modo respeitoso com quem o procura.

Exu Tiriri e Omolu

Sacerdotes antigos falam de um Tiriri pertencente à Linha de Omolu da quimbanda, que agrega o Povo do Cemitério. Alguns dizem inclusive que esse Tiriri se mostra com algum tipo de deformidade física ou marca visível de enfermidade. Conhecido como Tiriri da Calunga, esse caminho de Tiriri é ligado às doenças, às dores e aos sofrimentos.

Para aqueles que foram vítimas de malefícios, esse Tiriri traz a limpeza e a cura. Para os que se tornam alvo do seu rigor, é o agente do julgamento e do castigo.

Outros Tiriris

Existem ainda diversas outras manifestações de Exu Tiriri, cujos nomes indicam sua atuação em sintonia e colaboração com outras linhas ou, como se diz, como entidades cruzadas. Entre essas podemos citar: Exu Tiriri das Encruzilhadas, Exu Tiriri dos Infernos, Exu Tiriri das Almas, Exu Tiriri da Figueira, Exu Tiriri do Cruzeiro, Exu Tiriri da Meia-noite e Exu Tiriri Cigano.

E nada impede que existam muitos outros caminhos de Tiriri que se manifestam e trabalham nos tantos templos espalhados por esse Brasil afora, e que revelam seu nome apenas àqueles que os têm assentados e aos seus mentores espirituais.

Enfim, a ideia que nos fica é que Exu Tiriri é o grande senhor dos muitos caminhos, dono de muitos poderes e múltiplas qualidades. Assim, não podemos pretender reduzi-lo a uma personalidade simples, a uma face única e bem definida segundo os nossos imperfeitos critérios mortais. Então, que cada um cuide do seu Tiriri, mas também respeite e valorize os Tiriris que outras pessoas conhecem e cultuam.

Como Exu Tiriri se manifesta

Aspecto físico

As imagens tradicionais do Sr. Tiriri, vendidas nas lojas de artigos para umbanda e candomblé, são talvez a melhor forma de conhecer o aspecto com que esse exu se apresenta aos videntes e intuitivos. Isto se dá porque os modelos originais dessas imagens foram feitos por santeiros ligados ao culto e que, por isso, conheciam bem a entidade. Incorporando os elementos do simbolismo das entidades, as imagens tradicionais constituem a verdadeira iconografia dessas religiões.

Mas esse aspecto aparente não deve nos iludir. As entidades são espíritos puros, sem corpo, sem matéria. Elas se mostram a nós como desejam que as vejamos, por motivos que elas consideram importantes: vencer nossos preconceitos, simbolizar algum tipo de força ou qualidade, passar uma mensagem. Então, tendo isso em mente, vejamos como o Sr. Tiriri é representado em alguns dos seus caminhos.

A imagem de Exu Tiriri é um pouco perturbadora. Vemos um rapaz moreno, com cabelos pretos um pouco longos (o suficiente para encobrir a nuca) e a face limpa, sem barba nem bigode, parecendo bem jovem: não um menino, mas certamente um "menor". Seu rosto tem uma expressão desafiadora ou irada, podendo, por isso, parecer deformado, ou melhor, desfigurado pelo furor. Estamos diante de alguém que se irrita com facilidade e pode ser perigoso em sua raiva explosiva. Esta impressão é reforçada pela sua postura: o exu parece estar se contorcendo ou resistindo a alguma coisa — provavelmente a quem tenta contê-lo, impor-lhe limites. Suas mãos, quase fechadas de tão tensas, estão unidas na frente do corpo, costas contra costas, como se estivessem presas por algemas. A imagem evoca um simbolismo presente no candomblé: pulseiras e correntes que representam a necessidade de conter Exu, controlar sua agressividade para que ele obedeça ao chamado ritual e se manifeste sem violência, sem perturbar o xirê nem prejudicar o médium.

Alguns caminhos do Sr. Tiriri, como Tiriri das Almas, da Calunga e das Sete Encruzilhadas, se manifestam como um homem plenamente adulto, embora jovem. Ele é moreno, seu cabelo preto é curto e ele usa o bigode e o cavanhaque, também pretos, bem-aparados. Sua expressão é séria. Mantendo uma postura ereta, tem o braço esquerdo atrás das costas e o direito na frente do corpo, segurando uma garrafa (embora em algumas imagens esta peça seja pintada de modo a parecer um pequeno bastão). A postura é típica das pessoas que estão meio tontas, se esforçando para se manter em pé e esconder dos outros a própria instabilidade. Vemos alguém que aprendeu a controlar os impulsos e agora possivelmente canaliza a indignação e a ira para agir com eficiência contra os inimigos e obstáculos.

Nas imagens de Tiriri Lonã voltamos a encontrar um aspecto perturbador e até comovente da entidade. Ele se mostra muito jovem, quase um menino. Moreno, seu cabelo preto é curto, e a face não tem bigode nem barba. A expressão do seu rosto sugere que está tonto, confuso, perturbado. E a razão é denunciada pelo que vemos na sua postura: ele está de joelhos, com o corpo jogado para trás, como que largado no chão, e segura uma garrafa. Vemos um problema que infelizmente se tornou tão presente nos dias de hoje: o garoto de rua subjugado pelas drogas. Essa imagem pode ter vários significados. Por um lado, é um alerta sobre o fundo do poço a que alguém pode chegar quando faz escolhas erradas e se deixa levar por maus caminhos. Por outro lado, a imagem é uma armadilha para os preconceitos: só se aprendermos a respeitar a entidade apesar das aparências é que poderemos conhecê-la em seu esplendor e poder. Além disso, pode ser a representação de uma força impetuosa, indisciplinada, com a qual precisamos ter muito cuidado.

Indumentária

Como todo exu, o Sr. Tiriri tem como cores simbólicas básicas o vermelho e o preto. Entretanto, elas poderão aparecer em suas vestimentas de formas diferentes.

Nas imagens tradicionais que, como já vimos, foram modeladas por santeiros ligados ao culto, vamos encontrar diferenças que permitem identificar os vários caminhos da entidade, apontando suas preferências e seu simbolismo.

Exu Tiriri, em geral, veste calça e camisa vermelhas, folgadas, usualmente sem enfeites, ou com um fino debrum dourado. Tiriri Lonã usa apenas uma calça vermelha, sem camisa, mas com um cinto dourado. Tiriri das Almas e das Sete Encruzilhadas vestem calça preta e camisa vermelha, bem ajustadas ao corpo, com cinto dourado e correntes também douradas no pescoço e como pulseiras. Tiriri Calunga também usa cinto, corrente e pulseira dourados, mas tanto a calça quanto a camisa são pretas. Em geral, Tiriri anda descalço.

Vemos então que, na iconografia da umbanda, Exu Tiriri usa o preto da terra, do "outro lado", da feitiçaria e do mistério; o vermelho do sangue, do vigor, da guerra; e o ouro da riqueza e do poder. A combinação de cores adotada por cada caminho da entidade sugere suas principais características e linhas de trabalho.

A situação pode ser um pouco diferente no caso da vestimenta usada pelos médiuns que recebem o Sr. Tiriri nos templos de umbanda, e que não devemos confundir com os trajes da iconografia. Em primeiro lugar, diferentes terreiros podem ter orientações distintas quanto às roupas. Alguns desencorajam o uso de trajes simbólicos específicos de cada entidade, preferindo que todos os médiuns vistam a roupa branca de uso geral em todas as giras. Em outros casos, cada entidade tem sua roupa própria, feita pelo médium de acordo com as orientações e solicitações da própria entidade. Ainda aqui, as cores podem ser as simbólicas específicas de cada uma ou, em alguns casos, por influência da orientação da casa, o traje pode ser branco, embora com as características específicas da vestimenta da entidade.

Assim, certamente existirão diferenças nas vestimentas das entidades Tiriri, que inclusive, em momentos diferentes, poderão querer usar detalhes diferenciados no traje. É importante notar que, quando a casa permite o uso de trajes diferenciados, o médium confeccionará o vestuário de seu guardião exu de acordo com as instruções dadas pela própria entidade. Somente esta dirá quais serão as cores e as formas de suas roupas e dos acessórios.

A vestimenta do Sr. Tiriri geralmente inclui calça comprida e camisa folgadas, capa e algum tipo de chapéu. Assim como vemos na iconografia, o Sr. Tiriri trabalha descalço e aprecia um adereço dourado. Além disso, pode levar na mão um bastão ou uma bengala, símbolo da sua autoridade.

Dependendo do caminho da entidade, a calça e a camisa serão ambas vermelhas ou ambas pretas, ou a calça será preta e a camisa, vermelha. A capa pode ter os lados interno e externo vermelhos, ambos pretos ou cada face de uma cor. O chapéu pode ser uma cartola, um chapéu baixo ou um boné. Geralmente é preto, mas pode ter uma faixa vermelha. Quando estiver trabalhando com diferentes povos da umbanda, como o povo d'água ou os ciganos, o Sr.Tiriri pode pedir que sejam adicionados detalhes em azul ou em outras cores claras. Existem ainda Tiriris que pedem apenas roupa branca.

Dependendo da orientação da casa, o exu pode usar seu traje completo nas giras normais ou só em dias de festa. Neste último caso, nos dias comuns o médium fica com a roupa branca de uso geral, só trocando se a entidade manifestada pedir.

Elementos de trabalho de Exu Tiriri

Bebidas

A bebida sagrada de Tiriri, que deve ser usada em suas oferendas, é a aguardente. Se for hábito da casa, Exu Tiriri, quando incorporado, preferirá, em geral, uma cachaça de boa qualidade. Mas esse exu também aprecia uísque, rum, gim, conhaque, vermute e alguns licores doces.

Comidas

A oferenda de comida mais elementar é a mesma feita a todos os exus: o padê (farinha de mandioca com azeite de dendê, mel, cachaça etc.). Exu Tiriri também come um bom bife (cru ou frito) ou bolinhos de carne.

A cebola, seja a branca ou a roxa, é uma das comidas preferidas do Sr. Tiriri, como de todos os exus. Ela enfeita as oferendas, cortada em rodelas espalhadas sobre a comida. As pimentas, especialmente a vermelha (malagueta, dedo-de-moça), também são o acompanhamento básico da comida de Exu Tiriri.

Ervas e plantas em geral

Tiriri aprecia as plantas sagradas e preferidas dos exus em geral, como o brinco-de-princesa, o mussambê, a salsa, o tento-de-exu e todos os tipos de cactos. Também tem uma ligação especial com todas as pimentas e com a trepadeira garra-do-diabo, cujos frutos secos, com seus espinhos longos e duros, são conhecidos como unha-de-exu.

Muitas ervas de Exu podem ser usadas para banhos de limpeza e descarrego sob a força de Tiriri, como abre-caminho, anileira, aroeira, bardana, arrebenta-cavalo, arruda, cabeça-de-negro, cambará, papoula-de-espinho, cascaveleira, catingueira, chapéu-turco, cravo-da-índia, cunanã, facheiro, folha-da-fortuna, japecanga, jaracatiá, juazeiro, laranjeira-do-mato, manjerioba, maria-mole, mata-pasto, morcegueira, mussambê, palmeira-africana, quixabeira, sapê, tamiarana e tintureira. Outras ervas, como veremos mais adiante, podem ser usadas para fazer sacudimentos, defumações, amuletos e pós rituais.

Ramas, folhas e galhos de algumas plantas, como cascaveleira, fedegoso-crista-de-galo, juazeiro, mamão-bravo, mamona, tajujá, tamiarana e urtiga, são tradicionalmente usadas nos ebós para Exu. Ervas como o chapéu-turco, a hortelã-pimenta, a lanterna-chinesa e o sapê são usadas como acessórios na casa e no assentamento de Exu, enquanto o avelós, a mamona e a beldroega servem para a limpeza ritual de seus axés. Existem ainda certas plantas sagradas que servem como locais de arriada das obrigações para Exu, como o figo-do-inferno, a quixabeira e a tintureira. Mas aqui estamos falando de práticas litúrgicas que exigem um grande conhecimento dos fundamentos da religião, e que só devem ser realizadas por sacerdotes e sacerdotisas com a devida preparação.

Flores

Exu Tiriri recebe as flores ofertadas aos exus em geral. Ele vai apreciar as variedades vermelhas, cor de fogo ou púrpura de uma grande variedade de flores, como antúrio, cravo, camarão, caliandra (esponjinha), papoula (hibisco), flor-de-santo-antônio (cufeia ou cigarro), escova-de-macaco (flor-de-fogo), grevílea, orelha-de-elefante (papo-de-peru-gigante), rabo-de-gato (acálifa-

-rasteira), amaranto-cabeça-de-elefante, lanterna-chinesa (abutilon) e perpétua.

Frutas

Como outros exus, Tiriri aprecia frutas ácidas como limão, abacaxi e laranja. Também aceita amora, caju, jaca, banana, manga, melão, fruta-de-conde e uvas. As frutas podem estar inteiras ou divididas em gomos, fatias ou pedaços. Tiriri também gosta de roletes de cana, que são "frutas" para os exus.

As frutas podem ser postas sobre uma farofa ou sozinhas, especialmente se a oferenda comportar várias frutas, que podem ser arrumadas num recipiente próprio.

Fumo

Exu Tiriri prefere charutos nas oferendas e nos rituais, mas também aceita (ou pode preferir) cigarros quando está incorporado.

Pedras e metais

Como ocorre com outros exus, o metal simbólico de Exu Tiriri é o ferro de que é feito o seu tridente. Na forma de aço, é usado na corrente que ele pode usar ao pescoço. O Sr. Tiriri também gosta de uma corrente ou pulseira de metal dourado.

Entre as pedras destacam-se os minérios de ferro, magnéticos (ímã) ou não (hematita). Também se ligam ao seu simbolismo o carvão, o enxofre e a laterita (uma rocha vermelha que parece argila).

Pembas

O Sr. Tiriri usa as mesmas pembas que os demais exus. Teoricamente, as pembas de Exu são as vermelhas e as pretas. Entretanto, o uso da pemba preta é frequentemente desaconselhado, pois ela é tipicamente empregada em magia maléfica. Nos casos em que o indicado é o uso dessa faixa de cor, muitos recomendam-se a substituição da pemba preta por uma cinzenta.

Por outro lado, se não houver a obrigatoriedade de uma cor específica, os traçados e encantamentos poderão ser feitos com a pemba branca, que é de uso universal e só veicula forças benéficas.

Velas

As velas oferecidas podem ser vermelhas ou bicolores, vermelhas e pretas. Se o próprio Sr. Tiriri pedir, podem ser-lhe dadas velas brancas comuns.

Trabalhando com Exu Tiriri

Uma casa para o Sr. Tiriri

Toda entidade espiritual, seja ela um orixá, um guia ou um guardião exu, precisa ter um lugar especial, que funciona como um foco da sua energia e onde a entidade recebe oferendas e pedidos. O ponto de energia da entidade pode ser de dois tipos: o assentamento e a firmeza. É importante entender a diferença entre essas duas ideias para saber o que é certo fazer em cada situação.

Sobre o assentamento

O assentamento é um ritual litúrgico bastante complexo, que faz parte da iniciação religiosa, só podendo ser realizado por sacerdote ou sacerdotisa com o preparo necessário. Por isso, não será explicado em detalhes aqui. Diremos apenas o que for possível para dar uma ideia de sua natureza.

O assentamento é uma instalação permanente feita em solo consagrado de um templo religioso. Ele só será removido se o templo for desfeito, e isso implicará num complexo ritual de dessagração do lugar.

O assentamento é muito mais que um lugar para depositar oferendas. Ele pode ser entendido como uma espécie de gerador de energia combinado com uma antena: é um ponto de conexão com as entidades espirituais e um foco de atuação dessas energias no ambiente do terreiro, para que elas possam cumprir suas tarefas de proteger e fortalecer as pessoas ligadas ao lugar. Para que o assentamento permaneça sempre imantado e energizado, deve ser objeto de uma rotina de tratamento, que envolve a alimentação periódica com alimentos e luzes, num dia certo da semana, que seja o consagrado à entidade ali assentada.

O assentamento não é individual. Na casa de um determinado orixá, por exemplo, ficam os assentamentos de todos os médiuns da casa que são filhos dessa entidade. O mesmo ocorre com os exus. Um terreiro terá, para começar, o assentamento do exu dono (guardião) da casa, que é plantado quando o chão é consagrado para receber o templo. Terá também, na casa de exu, o assentamento dos exus "de trabalho" do chefe (zelador ou pai de santo) e dos filhos da casa, que foram fixados no processo de iniciação de cada um.

Como as entidades do povo da rua são guardiãs, o lugar correto da casa de exu é junto à porta de entrada, para vigiar tudo que tenta entrar na casa que ele protege e para que cada entidade se aproxime do médium que acompanha quando este entrar no templo.

A casa de exu fica à direita da porta ou portão, para quem sai da casa (à esquerda de quem entra), e é encostada no muro ou parede, pelo lado de dentro. Deve ter a forma aproximada de um quadrado medindo no mínimo meio metro de lado (largura, altura e profundidade). O exterior pode ter a cor usada no muro ou parede da casa, ou até uma simples caiação, mas o interior deve ser vermelho. O revestimento, seja pintura, seja material aplicado, deve ser resistente ao fogo. Antes de ser habitada, a casa deve ter o inteiror lavado com uma garrafa de cachaça.

Algumas plantas são usadas tradicionalmente para adornar a casa de exu, como o chapéu-turco, a hortelã-pimenta e a lanterna-chinesa.

A casa de alvenaria é mais durável e não oferece risco de incêndio causado por velas acesas no seu interior; mas pode ser feita de madeira ou outro material adequado. O teto pode ser de laje, telhas ou sapê, de acordo com a conveniência e, se for o caso, com as instruções da entidade. A porta pode ser de madeira ou metal, desde que seja totalmente fechada, para proteger o assentamento de olhares curiosos. Pelo mesmo motivo, deve ser trancada com cadeado ou fechadura, sendo aberta somente pelas pessoas autorizadas, quando for necessário para a realização de alguma cerimônia.

Para preparar o assentamento, providencia-se primeiro um alguidar de barro, purificado segundo os preceitos do ritual. Todos os objetos necessários também serão purificados antes do seu uso.

Como o Sr. Tiriri é uma entidade das ruas, seu alicerce conterá elementos de todos os caminhos do mundo, como terra de encruzilhada e cemitério, argila branca e vermelha, lama de mangue e areia de praia. A energia desse exu também se concentrará em certos materiais do reino mineral: enxofre, limalha de ferro, carvão. Tudo isso é misturado, formando o "chão" do assentamento, que também poderá ter adicionados materiais especiais como waji, efum, ossum, azougue (mercúrio) e pólvora.

Para o assentamento propriamente dito, o sacerdote coloca no fundo do alguidar materiais como bilhas de aço, moedas e ímã, além do otá da entidade que, no caso de Tiriri, é uma pedra de hematita ou laterita. Acomoda a mistura por cima, adorna com búzios e põe dentro da casa da entidade. A próxima etapa será banhar o assentamento com azeite de dendê apimentado e com um sumo de sete folhas de exu.

Por fim, são feitas as primeiras oferendas ao exu assentado. Algumas linhas religiosas farão sacrifícios animais e darão os axés à entidade. Outras ofertarão apenas alimentos: um padê, um bom bife e uma bebida.

Tudo isso será realizado de acordo com os preceitos e fazendo as devidas consultas para verificar se a entidade está aceitando o ritual.

Sobre a firmeza

A firmeza é uma espécie de versão simplificada do assentamento. É um ponto de referência para entregar oferendas e energizar pedidos à entidade, ou seja, um ponto simples a partir do qual a entidade possa atuar em relação a uma pessoa ou uma situação limitada. A firmeza é individual: é feita para uma entidade específica, é como um altar pessoal.

A firmeza não precisa ser permanente, sendo instalada de modo a poder ser desfeita quando for conveniente. Por isso, ao contrário do assentamento, ela pode ser feita na moradia do filho da entidade, mesmo que seja um imóvel alugado, cedido ou ocupado de qualquer outra forma instável.

Mesmo no terreiro, a firmeza é feita quando é preciso reforçar a ação de uma entidade. Um exemplo é quando um ritual exige que um ponto riscado fique firmado durante um certo tempo, a fim de manter um ponto fixo para a irradiação da energia da entidade.

Mesmo sendo uma instalação bem simples, a firmeza deve ser feita num lugar reservado, onde fique protegida contra a atenção de estranhos. Num terreiro, ela pode ser feita no próprio recinto dos assentamentos. Na residência, a entidade pode ser firmada num lugar reservado para esse fim, que possa sempre funcionar como um oratório.

No caso específico dos guardiões exus, mesmo nas residências, sua firmeza deve ficar junto da entrada. Se não for possível separar um cantinho reservado nessa localização, pode ser feita uma pequena casa de madeira ou chapa metálica, na forma de uma caixa com uma portinha frontal, no estilo dos antigos oratórios. O cuidado a ser tomado é sempre lembrar que nesse lugar serão acesos velas e charutos, portanto o material deverá ser resistente ao fogo e disposto de modo a evitar que esses objetos caiam e provoquem um incêndio.

Os objetos essenciais serão: um copo de vidro (pode ser do mais simples, incolor), um castiçal para que as velas sejam acesas de modo seguro e um recipiente para apresentar a oferenda de comida dada à entidade (geralmente um alguidar de barro de tamanho adequado).

É comum que o lugar destinado à firmeza tenha uma imagem da entidade. Dependendo da vertente religiosa, também é comum ter algum dos símbolos maiores, que são as ferramentas da entidade. É comum também que as pessoas ponham junto à imagem os presentes que fazem à entidade, que podem ser desde uma planta sagrada até uma joia.

Uma firmeza simples

Uma firmeza não precisa ser nada complicado. Para o Sr. Tiriri, você vai precisar do seguinte:

1 vela vermelha, branca ou bicolor (preta e vermelha), dependendo do caminho de Tiriri e, se for o caso, da instrução dada pela entidade
1 copo com cachaça
1 charuto

Acenda a vela no local adequado. Ponha o copo ao lado, com o charuto aceso equilibrado na boca. Faça seus pedidos à entidade.

Deixe tudo no lugar até que a vela termine de queimar. Então, despache a cachaça em água corrente (pode despejar na pia com a água aberta) e jogue fora os restos da vela e do charuto. Feito isso, lave os utensílios para usá-los novamente.

Firmeza maior para seus guardiões

Todo mundo tem diversos guardiões (exus e pombagiras) que abrem seus caminhos e zelam por sua proteção e prosperidade. Se você não tratar deles, eles se afastarão, pois sua energia perderá a sintonia com eles. Para aproximar esses guardiões, convém fazer toda segunda-feira uma firmeza para eles. O material necessário é o seguinte:

1 vela branca comum, que representa você
1 vela preta, que representa seu exu
1 vela vermelha, que representa sua pombagira
1 vela bicolor (preta e vermelha), que representa seu exu ou pombagira mirim
1 copo com cachaça

Ponha a vela branca no centro do lugar onde faz as firmezas. Arrume as outras em volta, formando um triângulo Acenda as três, chamando seus guardiões. Ponha o copo junto da vela branca e faça seus pedidos.

Firmeza de ponto riscado

É muito comum que o ponto seja riscado no chão, no local onde está sendo realizado o ritual de que ele faz parte. Mas também existe a opção de ter uma tábua preparada e consagrada para riscar os pontos da entidade. Nos dois casos, para firmar um ponto riscado para o sr. Tiriri será necessário o seguinte:

7 velas vermelhas
1 pemba preparada segundo os preceitos da religião
1 copo com cachaça

Risque um círculo com a pemba, do tamanho adequado. Lembre-se de que, se estiver usando a tábua, ela já deverá estar assentada no lugar onde ficará até terminar o tempo de preceito.

Desenhe o ponto dentro do círculo. Quem conhece os segredos da religião saberá como conhecer qual ponto deverá ser riscado em cada ocasião.

Ponha uma das velas no centro do desenho e arrume as outras em volta, formando um círculo em torno do ponto, mas por dentro do círculo.

Acenda todas as velas e depois faça uma libação, derramando a cachaça em círculo em volta do ponto. Depois de passado o tempo necessário, limpe a tábua e purifique-a para novos rituais.

Oferendas para Exu Tiriri

As oferendas a este exu devem ser feitas, a princípio, numa segunda-feira, entre nove horas da noite e meia-noite. Mas esse horário poderá mudar se a entidade der uma orientação diferente.

O local de entrega dependerá do caminho de Tiriri que está sendo homenageado. Poderá ser uma encruzilhada em cruz, formada por caminhos de terra ou por ruas pavimentadas; o cruzeiro de um cemitério, um local na mata etc. Os lugares especiais serão solicitados pela própria entidade. Se nada for dito, será impossível errar pondo a oferenda numa encruzilhada, como foi descrito.

Os detalhes da apresentação da oferenda já foram discutidos na seção *Sobre as oferendas*.

Comidas para o Sr. Tiriri, e como servi-las

Padê de dendê

Farinha de mandioca
Azeite de dendê
Cebola crua
1 pimenta vermelha
1 folha de mamona

Misture uma porção de farinha com um pouco de azeite de dendê, apenas o suficiente para fazer uma farofa amarela, úmida e solta. Arrume a farofa sobre a folha e enfeite com a cebola cortada em rodelas e a pimenta.

Bife acebolado

1 bife
Farinha de mandioca
Mel
Azeite de dendê
1 cebola crua
1 pimenta vermelha
3 folhas de mamona

Misture um bom punhado de farinha com um pouco de mel, apenas o suficiente para umedecer a farinha. Misture outro punhado com um pouco de azeite de dendê.

Grelhe o bife rapidamente. À parte, corte a cebola e a pimenta em rodelas.

Para servir o padê, use as folhas de mamona como tigelas. Ponha cada farofa em uma folha. Ponha o bife na terceira folha, enfeite com as rodelas de cebola e com a pimenta.

Comida especial para Exu Tiriri

7 gomos de linguiça
1 bom bife
Farinha de mandioca
Cachaça
Azeite de dendê
1 cebola crua
1 pimenta vermelha
1 folha de mamona

Frite a linguiça e depois o bife em azeite de dendê. Misture uma porção de farinha em um pouco de cachaça, apenas o suficiente para umedecer, sem encharcar. Corte a cebola e a pimenta em fatias fininhas.

Faça com a farofa um monte sobre a folha. Ponha o bife no centro e disponha as linguiças como raios em volta do bife, sobre os lados da farofa. Enfeite com a cebola e a pimenta.

Cachaça doce

1 dose de cachaça
Mel

Misture a cachaça com uma boa porção de mel, de modo que fique bem docinha. O Sr. Tiriri aprecia essa bebida, que costuma ser servida aos exus meninos.

Conhaque de gengibre

1 garrafa de conhaque
1 pedaço de gengibre com cerca de um dedo de
 comprimento
5 ou 6 pedaços de canela em pau
5 ou 6 cravos-da-índia

Lave e raspe a casca do gengibre. Corte-o em pedaços pequenos e ponha dentro da garrafa do conhaque. Junte o cravo e a canela e tampe a garrafa. Deixe curar por uma semana e coe antes de usar. Sirva nas oferendas ao Sr. Tiriri.

Ebós para o Sr. Tiriri

Padê de sete farofas

Farinha de mandioca
7 bebidas diferentes (cachaça, uísque, rum, gim, conhaque, vermute, licor...)
7 folhas de mamona
7 pedaços de palha
7 pedaços de papel
Lápis
7 velas vermelhas
Fósforos

Misture um pouco de farinha com um pouco de uma das bebidas, apenas o suficiente para umedecer a farinha, sem encharcar. Ponha a farofa numa folha de mamona e faça uma trouxinha, juntando as pontas da folha e amarrando de leve com a palha. Prenda no amarrado um papel com o nome da bebida usada. Repita com as outras seis folhas, fazendo cada farofa com uma bebida diferente.

Leve as trouxinhas, as garrafas, as velas e os fósforos para uma encruzilhada em um lugar afastado, de preferência numa estrada de terra. Desfaça a trouxinha de uma das folhas e arrume-a aberta no chão. Acenda uma vela ao lado e despeje em volta a bebida que foi usada nessa farofa. Repita com as outras seis farofas.

Traga para casa as garrafas, os papéis e a caixa de fósforos.

Oferenda grande para Exu Tiriri das Sete Encruzilhadas

1 porção de carne moída
Farinha de mandioca
1 garrafa de cachaça
1 cebola
1 pimenta vermelha
Azeite de dendê
7 velas bicolores (vermelhas e pretas)
7 charutos

7 folhas de mamona
7 pedaços de um palmo de palha
1 caixa de fósforos

Escolha com antecedência um trajeto para fazer sua oferenda, no qual haja sete encruzilhadas por onde você possa passar, uma após a outra.

Pique a cebola e a pimenta bem miudinhas. Misture com a carne, faça sete bolinhas e frite-as no azeite de dendê.

Misture uma porção de farinha com azeite de dendê, apenas o suficiente para umedecer, sem encharcar. Pique bem a cebola e a pimenta, e misture com a farofa.

Distribua a farofa em partes iguais sobre as folhas de mamona. Ponha um bolinho em cima de cada porção. Faça uma trouxinha com cada folha, juntando as pontas com cuidado e amarrando de leve com um pedaço de palha. Feito isso, as porções poderão ser acomodadas num recipiente, para serem transportadas sem risco de derramar a comida.

Leve com você as trouxinhas, a garrafa de cachaça já aberta, os charutos, as velas e os fósforos. Chegando na primeira encruzilhada, desamarre com cuidado uma das trouxinhas e ponha-a no chão bem aberta. Ponha ao lado uma vela e um charuto acesos. Derrame um pouco da cachaça em volta da oferenda, salvando o Sr. Tiriri.

Repita a oferenda nas outras seis encruzilhadas do trajeto. Na última, derrame todo o resto da bebida. Traga com você o recipiente em que levou a comida, a garrafa e a caixa de fósforos.

Bifes para Exu Tiriri

7 bifes de carne bovina
Farinha de mandioca
1 garrafa de cachaça
1 cebola
Azeite de dendê
1 folha de mamona
1 vela bicolor (vermelha e preta)
1 charuto

Frite os bifes no azeite de dendê junto com a cebola picadinha.

Misture uma porção de farinha com azeite de dendê suficiente para fazer uma farofa úmida, não encharcada.

Para facilitar o transporte, acomode a folha de mamona num alguidar ou em outro recipiente parecido. Ponha a farofa sobre a folha e arrume os bifes por cima.

Leve todo o material para uma encruzilhada. Passe com cuidado a folha com a comida para o chão. Acenda a vela e o charuto ao lado. Derrame a cachaça em volta, fazendo seus pedidos.

Para abrir os caminhos

7 bolinhos de carne crua, bem temperados com pimenta
7 cravos vermelhos
1 punhado de milho amarelo cru
1 folha de mamona
1 vela bicolor (vermelha e preta)

Em casa, corte os cabos dos cravos, deixando só uma pontinha. Leve tudo até uma encruzilhada em cruz. Ponha a folha no chão. Arrume os bolinhos em cima. Espete um cravo sobre cada bolinho. Espalhe o milho por cima de tudo. Acenda ao lado a vela para o Sr. Tiriri.

*Para Exu Tiriri abrir os caminhos
na força da Calunga*

*Farinha de mandioca
Azeite de dendê
Mel
2 velas brancas comuns
2 tigelas*

Na hora de começar o encantamento, acenda uma das velas. Ponha um pouco de farinha em cada tigela. Misture uma das porções com um pouco de azeite de dendê, fazendo uma farofa úmida mas soltinha. Misture a outra porção com um pouco de mel.

Leve as duas farofas e a segunda vela para um cemitério. Desde o momento em que sair de casa, você irá jogando no caminho punhadinhos da farofa de dendê, e pedindo que Exu Tiriri afaste do seu caminho todos os obstáculos, inimigos, feitiços etc. Mas não gaste toda a farofa no percurso, porque precisará de uma parte dela no cemitério.

Você precisará obrigatoriamente ir com outra pessoa. Chegando ao cemitério, essa pessoa vai seguir diretamente para o cruzeiro, levando a farofra de mel e a vela. Chegando lá, ela acenderá imediatamente a vela e ficará esperando.

Enquanto a outra pessoa faz isso, você irá com calma do portão para o cruzeiro, jogando punhadinhos da farinha de dendê e repetindo seus pedidos. Chegando ao cruzeiro, você deve acabar com essa farofa.

Então, pegue a farofa de mel e faça todo o caminho de volta para casa jogando-a aos punhadinhos e pedindo que o Sr. Tiriri abra os seus caminhos e lhe traga todas as coisas boas que precisa e quer.

Lembre-se de que você deverá trazer as duas tigelas de volta para casa.

Para Exu Tiriri Lonã proporcionar
bons caminhos em alguma necessidade

1 porção de farinha de mandioca
Azeite de dendê
1 punhado de milho amarelo levemente torrado
1 vela branca
1 folha de mamona

Misture a farinha com um pouco de dendê, apenas o suficiente para fazer uma farofa úmida. Arrume a farofa dentro da folha de mamona e espalhe o milho por cima.

Leve tudo para uma encruzilhada bem movimentada. Ponha a folha no chão e acenda a vela do lado, fazendo seu pedido.

Para pedir a Exu Tiriri um bom emprego, aumento de salário, saúde, segurança etc.

7 punhados de farinha de mandioca
Azeite de dendê
Mel
Cachaça
Água
Vermute
Gim
Conhaque
7 folhas de mamona
7 pedaços pequenos de palha
7 velas brancas
7 limões

Prepare sete porções de farofa: uma com dendê, outra com mel, outra com cachaça, outra com água, outra com vermute, outra com gim e outra com conhaque.

Ponha cada farofa dentro de uma das folhas. Corte os limões em gomos e arrume cada um sobre uma farofa, aberto como uma flor. Embrulhe cada folha como uma trouxinha e amarre com um dos pedaços de palha.

Saia de casa levando todo o material. Chegando numa encruzilhada, abra uma trouxinha e arrume no chão. Acenda uma vela ao lado, fazendo seus pedidos ao Sr. Tiriri.

Repita em mais seis encruzilhadas, deixando uma farofa em cada uma delas.

Para pedir a Exu Tiriri das Almas
que abra os caminhos

1 bom punhado de milho de pipoca
Azeite de dendê
7 pimentas vermelhas frescas
1 folha de mamona
1 vela branca

Estoure as pipocas em azeite de dendê. Coloque a folha no fundo de uma tigela para poder transportá-la. Arrume a pipoca sobre a folha e enfeite com as pimentas.

Leve tudo a um cemitério. Entregue a folha com a pipoca no cruzeiro, acendendo a vela ao lado e fazendo seus pedidos.

Traga a tigela com você.

Para pedir algo muito difícil
a Exu Tiriri da Calunga

1 bom bife
1 porção de milho de pipoca
Azeite de dendê
3 pimentas vermelhas frescas
1 garrafa pequena de cachaça
1 vela branca
1 folha de mamona

Prepare a pipoca e frite o bife no azeite de dendê. Arrume a pipoca dentro da folha. Ponha o bife por cima e enfeite com as pimentas.

Leve tudo a um cemitério. Entregue junto ao cruzeiro. Acenda a vela ao lado e despeje toda a cachaça em volta. Faça seu pedido.

Traga a garrafa e qualquer outra embalagem com você.

Para pedir proteção a Exu Tiriri da Meia-noite

1 porção de farinha de mandioca
1 bom bife
1 cebola branca grande
Azeite de dendê
1 garrafa de cachaça
1 vela vermelha
1 charuto
1 folha de mamona

Arrume a folha no fundo de uma tigela, para poder transportá-la.

Corte sete rodelas bem bonitas da cebola e reserve.

Pique o restante e refogue em dendê até a cebola ficar bem dourada. Misture a farinha e ponha essa farofa dentro da folha de mamona.

Refogue o bife em dendê e ponha sobre a farofa. Enfeite com as rodelas de cebola que estavam reservadas.

Leve tudo para uma encruzilhada. Arrume no chão a folha de mamona com a comida em cima.

Ponha de um lado a vela e do outro o charuto, ambos acesos. Despeje a cachaça em volta de tudo.

Traga com você a tigela, a garrafa etc.

Para Exu Tiriri Lonã garantir bons caminhos em tudo que você precise

1 punhado de farinha de mandioca
Azeite de dendê
7 cravos vermelhos
1 laranja
1 folha de mamona
1 vela branca

Faça com a farinha uma farofa de dendê. Corte a laranja em sete gomos. Corte as hastes dos cravos, deixando só um cabinho.

Arrume a farofa na folha de mamona. Enfeite com os gomos de laranja e os cravos alternados.

Leve tudo para uma encruzilhada. Arrume a folha com a farofa no chão, acenda a vela ao lado e faça seu pedido.

Rituais e feitiços na força de Exu Tiriri

Rituais

Banhos de limpeza e descarrego

Se não houver uma necessidade urgente, e principalmente se constitui uma rotina de limpeza e energização, toma-se o banho no dia consagrado à entidade e numa hora conveniente. No caso de Exu Tiriri, o mais adequado é a segunda-feira numa hora aberta, ou seja, seis da manhã ou da tarde, meio-dia ou meia-noite.

Um banho costuma ser feito com cerca de um a dois litros de líquido, embora alguns recomendem uma quantidade maior. Pode levar ervas frescas, essências concentradas ou banhos prontos.

Em geral, os banhos para fins litúrgicos não são fervidos. As ervas frescas são quinadas (esmagadas e picadas com as mãos) na água fria, onde ficam de molho até a hora de usar. Usa-se a água quente apenas no caso de cascas e sementes, cujos princípios ativos custam mais a serem extraídos; mas, mesmo assim, elas são misturadas na água e deixadas de molho fora do fogo.

Os líquidos comprados prontos (banhos, essências) são misturados diretamente na água fria e apenas descansam por algum tempo antes de ser usados. Os banhos prontos, que são líquidos com os extratos das ervas adequadas à sua finalidade, são encontrados nas casas de artigos religiosos. Eles vêm em geral em frascos pequenos, com 200 a 250 ml, e frascos maiores, de meio litro.

As essências são tinturas alcoólicas com aromas específicos ou misturas de aromas para uma certa finalidade. São encontradas em lojas de artigos religiosos ou lojas de material para produção artesanal de perfume, e são vendidos geralmente em frasquinhos de 10 ml. Se forem empregadas essências, elas devem ser obrigatoriamente as destinadas à preparação de perfumes. Não utilize essências para aromatizar ambientes, pois elas não são preparadas com os mesmos cuidados e por isso podem provocar alergias e até problemas mais graves.

O mais comum é que o banho litúrgico não seja coado. O líquido é despejado no corpo junto com as ervas, que depois são recolhidas do piso para serem devidamente despachadas (postas no pé de uma planta, no mato etc.).

Antes de tomar o banho ritual, deve-se tomar um banho de higiene comum. É tradicional o uso do sabão da costa para esse banho, mas quem não o tiver pode usar um sabonete comum.

Salvas poucas exceções, o banho é despejado do pescoço para baixo. Poucos banhos podem ser despejados na cabeça. Isso deve ser feito apenas se houver orientação da entidade, do sacerdote ou da sacerdotisa que receitou o banho.

Depois de tomar o banho ritual, deixa-se o líquido secar naturalmente ou, no máximo, tira-se o excesso dando batidinhas no corpo com uma toalha limpa. A seguir veste-se uma roupa limpa, de preferência de cor clara.

Banho forte

Folhas de abre-caminho
Folhas de arruda
Folhas de cabeça-de-negro
Folhas de cambará
Folhas de manjerioba
Folhas de mussambê
Folhas de tintureira
2 litros de água

Este banho serve para fazer uma limpeza espiritual forte e afastar as más influências e os obstáculos.

Banho do Exu Tiriri

1 frasco pequeno de banho abre-caminho
1 frasco pequeno de banho destranca-tudo
1 frasco pequeno de banho chama-dinheiro
1 frasquinho de essência de sândalo
1 frasquinho de essência de opium
1 frasquinho de essência de âmbar

1 frasco de perfume masculino de sua preferência
1 litro de água

Este banho pode ser feito periodicamente pelos que têm o Sr. Tiriri como guardião.

Banho forte de descarrego

Folhas de arrebenta-cavalo
Folhas de aroeira
Folhas de açoita-cavalo
Folhas de pinhão-roxo
Folhas de vassourinha de relógio
2 litros de água

Este é outro banho para fazer limpezas espirituais intensas com as ervas de Exu.

Banho de descarrego

Folhas de mangueira
Folhas de aroeira
Folhas de pinhão-roxo
Folhas de cajueiro
Folhas de vassourinha-de-relógio
2 litros de água

Faça este banho para afastar obsessores e cargas espirituais.

Defumações

Podemos usar defumadores simples, como as varetas e os tabletes de aromas e finalidades variados. Mas as receitas aqui apresentadas são feitas com as ervas frescas. Então, exigem o uso de um turíbulo com carvões acesos.

Defumação de descarrego

Flores secas de alfazema
Folhas de alecrim
Grãos de incenso
Grãos de benjoim
Grãos de mirra
Folhas de arruda
Palha de alho

Faça a defumação dos fundos para a frente da casa ou local de trabalho. Despachar os resíduos no mato.

Defumação para abrir os caminhos e atrair riqueza, sorte e progresso

Canela em pó
Dandá-da-costa ralado
Cravo-da-índia
Palha de cana-de-açúcar
Folhas de louro

Faça a defumação da frente para os fundos, no dia seguinte, após fazer uma defumação de descarrego.

Defumação para atrair bons negócios

Um pedaço de fumo de rolo
Um punhado de açúcar

Desfaça o fumo de rolo. Misture com o açúcar e ponha no turíbulo com os carvões já acesos.

Primeiro defume o local de dentro para fora. Depois defume com a mesma mistura de fora para dentro. Repita uma vez por semana para obter os efeitos desejados.

Sacudimentos

O sacudimento é um ritual de limpeza energética, que pode ser realizado em pessoas e em ambientes.

Sacudimentos com galhos e folhas são feitos batendo ou passando as ervas pelo corpo da pessoa ou em todos os cantos do ambiente. Essa forma de sacudimento tem o poder de neutralizar as cargas negativas.

Sementes, comidas, sal, carvão e outros materiais que possam ser recomendados pela entidade, quando passados no corpo ou no ambiente, atraem para si as energias negativas e, ao serem despachados, levam essas energia de volta para a terra.

O modo mais seguro e eficiente de despachar os materiais usados num sacudimento é enterrá-los num buraco feito na terra. Isso deve ser feito imediatamente após a realização do sacudimento, para evitar que as energias captadas se dispersem novamente no ambiente e para fazer com que essas energias tomem seu caminho correto, que é servir de alimento à nossa mãe terra.

Em algumas situações, também pode ser recomendado fazer o despacho numa encruzilhada ou na água corrente (rio ou mar). Mas isso só deve ser feito com a orientação da entidade ou sacerdote/ sacerdotisa que recomendou o sacudimento.

Sacudimento com açucena-rajada (cebola-cecém)

Parte usada: bulbo (cebola).

Modo de usar: o bulbo é picado em pedacinhos, que são espalhados pelo ambiente, em todos os cantos e até embaixo dos móveis. Logo depois são recolhidos e despachados.

Utilidade: sacudimentos de residências e locais de trabalho. É particularmente útil para desmascarar falsidades e para encontrar coisas perdidas.

Sacudimento com anileira (caa-obi)

Parte usada: ramos frescos com folhas.

Modo de usar: fazer um molho com alguns galhos e bater em todas as paredes do ambiente.

Utilidade: sacudimentos de residências.

Sacudimento com aroeira

Parte usada: ramos frescos com folhas.

Modo de usar: fazer um molho com alguns ramos e bater em todas as paredes do ambiente.

Utilidade: sacudimentos de residências.

Sacudimento com beladona (saia-branca, trombeteira)

Parte usada: ramos frescos com folhas.

Modo de usar: fazer um molho com alguns galhos e bater em todas as paredes do ambiente.

Utilidade: sacudimentos de residências e locais de trabalho.

Sacudimento com fedegoso

Parte usada: ramo fresco com folhas.

Modo de usar: fazer um molho com alguns galhos e bater em todas as paredes do ambiente.

Utilidade: sacudimentos de residências.

Sacudimento com maminha-de-porca (limãozinho)

PARTE USADA: ramo fresco com folhas.

MODO DE USAR: fazer um molho com alguns galhos e bater em todas as paredes do ambiente.

UTILIDADE: sacudimentos de residências.

Sacudimento com mangue-cebola (cebola-do-mato)

PARTE USADA: bulbo (cebola).

MODO DE USAR: o bulbo é picado em pedacinhos, que são espalhados pelo ambiente, em todos os cantos e até embaixo dos móveis. Logo depois são recolhidos e despachados.

UTILIDADE: sacudimentos de residências. Tem aplicação especial para afastar falsidade e inveja.

Sacudimento com manjerioba

PARTE USADA: ramo fresco com folhas.

MODO DE USAR: fazer um molho com alguns galhos

e passar no corpo da pessoa ou bater em todas as paredes do ambiente.

Utilidade: sacudimentos pessoais, de residências e locais de trabalho.

Sacudimento com maria-mole

Parte usada: ramo fresco com folhas.

Modo de usar: fazer um molho com alguns galhos e bater em todas as paredes do ambiente.

Utilidade: sacudimentos de residências.

Sacudimento com mata-cabras

Parte usada: ramo fresco com folhas.

Modo de usar: fazer um molho com alguns galhos e bater em todas as paredes do ambiente, segurando a erva com as mãos protegidas por papel ou pano.

Utilidade: sacudimentos de locais de trabalho.

Sacudimento com mata-pasto

Parte usada: ramo fresco com folhas.

Modo de usar: fazer um molho com alguns galhos e passar no corpo da pessoa ou bater em todas as paredes do ambiente.

Utilidade: sacudimentos pessoais, de residências e locais de trabalho.

Sacudimento com pau-d'alho

Parte usada: ramo fresco com folhas.

Modo de usar: fazer um molho com alguns galhos e bater em todas as paredes do ambiente.

Utilidade: sacudimentos de residências e locais de trabalho.

Sacudimento com pinhão-roxo

Parte usada: ramo fresco com folhas.

Modo de usar: fazer um molho com alguns galhos e bater em todas as paredes do ambiente.

Utilidade: sacudimentos de residências.

Sacudimento com vassourinha-de-relógio

Parte usada: ramo fresco com folhas.

Modo de usar: fazer um molho com alguns galhos e bater em todas as paredes do ambiente.

Utilidade: sacudimentos de residências e locais de trabalho. Tem uso especial para afastar obstáculos à prosperidade.

Sacudimento para tirar feitiços e malefícios

1 porção de carne moída
7 cebolas médias
1 vidrinho de mel
1 vidrinho de azeite de dendê
1 folha de mamona

Faça sete bolinhos com a carne crua.

Leve tudo para um lugar de mato ou um terreno vazio onde haja formigueiros. Escolha para ficar um lugar onde o material possa ser deixado depois de fazer o sacudimento.

Coloque a folha de mamona no chão, na sua frente (ou da pessoa que vai ser atendida com o sacudimento). Passe pelo corpo, um por um, os bolinhos de carne e as cebolas, e vá pondo sobre a folha. Quando terminar, despeje todo o dendê e depois todo o mel por cima. Enquanto faz tudo isso, vá repetindo seus pedidos ao Sr. Tiriri.

Quando sair, traga com você todos os recipientes que usou.

Chegando em casa, tome um banho de descarga.

Feitiços e encantamentos

Patuás

O patuá é um objeto que carrega em si a força, o axé de uma entidade. Por isso, a pessoa deve levá-lo sempre consigo ou mantê-lo no ambiente, para usufruir de seu poder benéfico. Como acontece com outros exus, o Sr. Tiriri através de seus patuás, nos dá proteção contra os perigos e abre nossos caminhos para o sucesso e a prosperidade.

Patuá de abre-caminho

PARTE USADA: folhas.

Modo de usar: guarde uma folha da erva na carteira.

Utilidade: para abrir os caminhos e ter sorte e prosperidade.

Patuá de arruda

Parte usada: folha, raminhos bem novos (brotos) ou figas feitas da raiz.

Modo de usar: leve uma folha ou um raminho preso na roupa ou dentro da carteira; ou use uma figa de arruda pendurada no pescoço.

Utilidade: proteção contra mau-olhado.

Patuá de amendoeira-da-praia

Parte usada: galhos.

Modo de usar: coloque um galho de amendoeira no seu local de trabalho.

Utilidade: sucesso nos negócios.

Patuá de olho-de-boi

Parte usada: sementes.

Modo de usar: espalhe alguns olhos-de-boi em lugares escondidos na sua casa ou no local de trabalho. Quando eles se partirem, troque-os por novos e despache os velhos na mata ou em água corrente (rio ou mar).

Utilidade: proteção contra mau-olhado.

Patuá de tento-de-exu

Parte usada: sementes.

Modo de usar: leve algumas sementes na carteira.

Utilidade: proteção geral.

Patuá para afastar inveja

3 moedas de metal dourado, de preferência antigas, de mesmo valor
3 tentos-de-exu
1 raminho de arruda
1 saquinho de pano vermelho
Sal grosso
Linha vermelha

Limpe bem as moedas, para que elas fiquem parecendo novas. Quando elas estiverem prontas, lave-as em água corrente, esfregue com sal grosso e enxague em água corrente de novo. Faça a mesma limpeza nos tentos-de-exu. Ponha tudo para secar no sol, inclusive o raminho de arruda.

Ponha as moedas, a arruda e as sementes dentro do saquinho. Feche-o costurando ou amarrando a abertura com a linha vermelha.

Leve o patuá sempre com você e não deixe que ninguém o veja ou toque.

*Patuá para proteger residências
ou locais de trabalho*

*1 chave comum
7 moedas de qualquer valor
7 grãos de milho amarelo
1 saquinho de pano vermelho
1 pedaço de fita fina vermelha*

Lave a chave e as moedas em água e sal grosso. Seque muito bem.

Ponha a chave, as moedas e os grãos de milho dentro do saquinho. Feche-o amarrando a abertura com a fita e pendure por cima da porta de entrada da sua casa de moradia ou do seu negócio. Peça a Exu Tiriri que lhe dê fartura, segurança e progresso.

Pós para encantamentos

Os pós são usados como ingredientes de feitiços ou sozinhos. Neste caso, são espalhados ou soprados sobre locais ou pessoas que desejamos submeter a algum efeito.

Pó de mudança

Casca picada de canjerana
Folhas secas de picão
Folhas secas de pixirica
Batata torrada de dandá-da-costa
Pó de pemba branca

Triture as ervas juntas até fazer um pó. Misture com o pó de pemba. Guarde num pote fechado.

Este pó é uma espécie de acelerador e abridor de caminhos. Use-o em feitiços para promover mudanças, afastando os obstáculos a elas e solucionando os problemas focalizados.

Pó de defesa

Grãos de pimenta-rosa
Folhas de arruda
Canela em pó
Raspa de casca de juá
Folhas de pinhão-branco
Folhas de urtiga

Ponha todas as folhas e a pimenta para secar. Quando estiverem no ponto, triture-as com os outros ingredientes. Guarde num pote fechado.

Use este pó em encantamentos de defesa contra perigos, inimigos, inveja e mau-olhado.

Pó contra feitiço

Folhas de picão
Folhas de aroeira
Folhas de arruda
Folhas de fedegoso
Folhas de jaracatiá
Folhas de manjerioba
Folhas de urtiga

Deixe as folhas secarem naturalmente em local protegido. Quando estiverem no ponto, ponha--as todas juntas numa tigela e soque com pilão até virarem um pó fino. Guarde num pote bem fechado.

Use este pó quando precisar fazer um encantamento para quebrar um feitiço mandado contra você ou alguém da sua casa.

Pó de sucesso

Folhas secas de abre-caminho
Folhas secas de sapatinho-do-diabo
Folhas secas de fedegoso-crista-de-galo
Pó de pemba branca

Triture as ervas juntas até fazer um pó. Misture com o pó de pemba. Guarde num pote fechado.

Use em magia benéfica relacionada ao trabalho: progresso na carreira, sucesso nos negócios e prosperidade. Aplique-o diariamente no seu local de trabalho, assim que chegar.

Pó de afastamento

Pó de corredeira
Pó de raspa de veado
Pó de ossum
Pimenta-da-costa moída
Pimenta-malagueta seca e moída

Misture todos os ingredientes e guarde em recipiente bem fechado.

Quando precisar neutralizar e afastar um inimigo, sopre uma pitada desse pó na direção dele (de preferência pelas costas), no caminho que ele segue todo dia ou até, se puder, dentro da casa dele.

Pó de riqueza

Batata torrada de dandá-da-costa
Noz-moscada
Cravo-da-índia
Pemba branca
Alfazema
Efun africano
Fava de aridã

Rale ou moa os ingredientes juntos até obter um pó fino. Guarde em recipiente bem fechado.

Quando sentir necessidade de aumentar seus ganhos no emprego ou se tiver um negócio próprio, pegue um pouquinho e sopre para os quatro cantos do seu local de trabalho, fazendo seu pedido. Repita diariamente.

Trabalhos diversos

Para proteger contra o mau-olhado

1 semente de olho-de-boi
1 copo incolor pequeno
Água

Coloque a semente dentro do copo e encha-o com água. Ponha em sua casa ou local de trabalho, num cantinho atrás da porta de entrada.

O olho-de-boi vai absorvendo todas as negatividades que entram no ambiente. Quando estiver sobrecarregado, ele vai se partir. Quando isso acontecer, despache-o na mata ou em água corrente (rio ou mar).

Para anular um feitiço

2 sementes de olho-de-boi
Azeite doce
1 guardanapo de papel branco do mais simples
Lápis

Escreva no papel o seu pedido. Por exemplo, que o malefício que lhe mandaram seja destruído ou outra coisa.

Feito isso, leve tudo para um lugar com chão de terra (mato, descampado etc.) bem longe da sua casa. Chegando lá, dobre o guardanapo de modo a formar uma espécie de cestinha ou copinho. Ponha no chão, de preferência junto de um toco de alguma planta. Ponha os olhos-de-boi dentro e encha com o azeite. Olhe para os olhos-de-boi e faça o seu pedido.

Traga com você tudo que levou de embalagem: deixe só o papel com as sementes e o azeite. Esse material todo irá se desfazer e, ao absorvê-lo, a terra desmanchará todo o mal.

Para pedir a solução de um problema

1 laranja de uma variedade azedinha
7 folhas de abre-caminho
Pó de mudança (veja a receita neste livro)

Com um lápis, caneta ou outro objeto pontudo parecido, escreva seu pedido em cada uma das folhas de abre-caminho.

Abra um buraquinho no centro da laranja e enfie nele os cabinhos das folhas, arrumando-as como um ramo num jarro.

Leve tudo a uma encruzilhada. Coloque a laranja no chão e polvilhe com o pó de mudança, enquanto chama o Sr. Tiriri e faz seu pedido.

Para afastar uma pessoa indesejável

1 folha de mamona
Pó de afastamento (veja a receita neste livro)
1 gomo de cana-de-açúcar

Descasque a cana de modo a ter pelo menos uma lasca de casca bem comprida e firme. Corte a polpa em sete roletes.

Com um lápis, caneta ou outro objeto pontudo parecido, escreva na folha o nome da pessoa que deseja afastar.

Leve tudo (inclusive as lascas da casca de cana) até um lugar de chão de terra, bem longe da sua casa.

Chegando lá, use uma lasca da casca de cana para cavar um buraco no chão. Forre o fundo com a casca de cana, ponha em cima a folha de mamona e polvilhe com o pó de afastamento.

Chame o Sr. Tiriri e faça o seu pedido, enquanto fecha o buraco com sete punhados de terra. Por fim, arrume os roletes de cana em círculo sobre o buraco.

Para se defender de pessoas prejudiciais

7 folhas de juazeiro
Pó de afastamento

Com um lápis, caneta ou outro objeto pontudo parecido, escreva nas folhas o seu pedido.

Feito isso, soque as folhas num pilão até que virem pó. Misture com um pouco do pó de afastamento.

Leve esse pó que preparou até uma encruzilhada. Chegando lá, verifique a direção em que o vento está soprando e fique numa posição em que ele leve tudo para longe de você (não vá levar de volta no rosto o que quer mandar para longe!).

Vá pegando o pó aos punhados e sopre-o no ar, enquanto faz seu pedido ao Sr. Tiriri.

Para pedir ajuda para alcançar um objetivo

7 flores que agradem ao Sr. Tiriri (veja sugestões na parte sobre Elementos de trabalho de Exu Tiriri; as sete devem ser iguais)
1 jarro usado para oferendas
Mel
Água
1 vela vermelha
1 garrafa de cachaça

Numa sexta-feira, encha a jarra com água fresca misturada com um pouco de mel. Arrume nela as flores.

Se tiver um lugar para fazer oferendas, ponha a jarra ali. Se não tiver, arrume-a num local alto e bem iluminado (ponha sobre um prato com água para as formigas não serem atraídas pelo mel).

Peça ao Sr. Tiriri que aceite o presente e ajude a realizar seu objetivo.

Deixe as flores onde estão durante o fim de semana, trocando a água diariamente.

Na segunda-feira, leve as flores com a vela e a cachaça a uma encruzilhada, de preferência com chão de terra. Ponha as flores no chão, acenda a vela ao lado e despeje toda a cachaça em volta, repetindo seu pedido.

Traga com você a garrafa e qualquer embalagem que tenha levado.

Para neutralizar uma pessoa intrigante

1 pimenta dedo-de-moça bem grande
Pó de afastamento (veja a receita neste livro)
1 tigela de barro
1 pedaço pequeno de papel sem cola (papel-toalha, guardanapo simples etc.)

Comece a fazer o feitiço numa segunda-feira.

Faça um pequeno corte ao comprido na pimenta, só para abrir um vãozinho nela.

Escreva no papel o nome da pessoa que deseja neutralizar. Enrole o papel e enfie na pimenta pelo corte. Ponha a pimenta dentro da tigela e deixe do lado de fora da sua casa, onde não possa ser vista, exposta ao ar e até ao sol, mas sem risco de pegar umidade ou chuva.

Na sexta-feira, recolha a pimenta e torre-a com o papel. Quando estiver pronta, tire do fogo e soque com um pouco do pó de afastamento, para fazer um pó bem fino.

Leve esse pó com você, num potinho bem fechado. Quando encontrar a pessoa que deseja neutralizar, dê um jeito de soprar o pó pelas costas dela.

Para abrir os caminhos ao sucesso profissional

7 folhas de abre-caminho
7 velas vermelhas
7 flores vermelhas (veja sugestões na parte sobre elementos de trabalho de Exu Tiriri; as sete devem ser iguais)
1 garrafa de cachaça
1 folha de mamona

Escreva seu pedido em cada uma das folhas de abre-caminho: um novo emprego, segurança no trabalho, promoção, aumento de salário etc.

Em seguida, desenhe uma chave em cada uma, por cima do escrito. Faça isso com cuidado, para não rasgar as folhas.

Leve tudo para uma encruzilhada. Coloque a folha de mamona no chão e arrume as folhas de abre-caminho em cima, formando um círculo. Preste atenção para que as pontas das chaves desenhadas fiquem todas para o lado de fora.

Enfeite com as flores, acenda as velas e despeje toda a cachaça em volta, enquanto faz seu pedido.

Traga de volta a garrafa e as embalagens que tiver levado.

Para uma pessoa sair da sua vida sem confusão

1 pedaço de papel sem cola (guardanapo, papel-toalha etc.)
1 vela de sete dias
1 garrafa de cachaça
1 frasquinho de mel
1 tigela
1 bife cru
1 folha de mamona
1 vela vermelha comum

Escreva no papel sete vezes o nome da pessoa que quer afastar.

Ponha o papel na tigela e ponha por cima um pouco da cachaça e do mel. Guarde o restante dos dois para usar mais adiante.

Ponha a tigela num lugar do lado de fora da sua casa e acenda a vela de sete dias do lado.

Quando a vela terminar de queimar, pegue o papel e desmanche-o com as mãos debaixo da água corrente de uma torneira, fazendo-o descer todo pelo ralo.

Nesse mesmo dia, pegue o bife, a folha de mamona, a vela vermelha e o resto da cachaça e do mel. Leve tudo para uma encruzilhada.

Chegando lá, ponha a folha no chão com o bife em cima. Despeje por cima o mel. Acenda a vela ao lado e despeje a cachaça em volta de tudo, entregando ao Sr. Tiriri.

Para afastar duas pessoas

2 pimentas dedo-de-moça
2 pedaços pequenos de papel sem cola (papel-toalha, guardanapo etc.)
Pó de afastamento (veja a receita neste livro)

1 pratinho
2 velas vermelhas

Somente faça este feitiço se tiver certeza de que a separação é a única opção para as duas pessoas.

Escreva o nome de uma das pessoas num papel e o nome da outra no outro papel.

Faça um pequeno corte em cada uma das pimentas. Enfie um dos papéis numa delas e o outro papel na outra.

Ponha as duas pimentas no pratinho, com as posições invertidas: a cabeça de uma perto da ponta da outra. Despeje pó de afastamento por cima e ponha o pratinho num lugar do lado de fora da sua casa, onde possa ficar em segurança.

Passada uma semana, pegue as pimentas (embrulhe cada uma separadamente), o resto do pó de afastamento e as velas. Vá a uma encruzilhada longe da sua casa. Desembrulhe uma das pimentas, ponha-a no chão (sem a embalagem), polvilhe com pó de afastamento e acenda uma das velas ao lado.

Vá até outra encruzilhada longe da primeira e repita o procedimento com a segunda pimenta.

Traga com você as embalagens em que levou o material.

Para quebrar um feitiço que lhe enviaram

Pó contra feitiço (veja a receita neste livro)
Um pedaço de papel
Uma vela bicolor vermelha e preta
Uma garrafa de cachaça

Escreva no papel o seu pedido. Se souber o nome da pessoa que lhe mandou o feitiço, escreva-o também.

Leve tudo para uma encruzilhada. Coloque o papel no chão e polvilhe com o pó contra feitiço. Acenda a vela fixada bem no meio do papel e despeje toda a cachaça em volta, oferecendo ao Sr. Tiriri e invocando o seu auxílio.

Traga com você todas as embalagens, inclusive a garrafa.

Depois de fazer isso, quando encontrar a pessoa, sopre discretamente um pouco do pó contra feitiço pelas costas dela.

Para afastar falsos amigos

Pó de afastamento (veja a receita neste livro)
1 folha de papel comum
1 espelho pequeno sem uso
1 vela vermelha
1 garrafa de cachaça
1 pano qualquer
1 martelo
1 pazinha

Se você suspeita ou tem certeza de que algum de seus amigos é falso, ponha o espelho num lugar por onde todas as pessoas que entram na sua casa ou local de trabalho têm de passar. Deixe-o ali por um mês inteiro.

Passado esse tempo, recolha o espelho.

Escreva no papel o nome da pessoa (ou pessoas) e seu pedido sobre ela(s).

Embrulhe o espelho no pano e quebre-o com o martelo, mentalizando que está quebrando o poder dessa(s) pessoa(s) sobre a sua vida. A seguir, despeje com cuidado os cacos do espelho sobre o papel e faça um embrulho.

Leve o embrulho, a pazinha, o pó de afastamento, a vela e a cachaça para um lugar com chão de terra. Chegando lá, cave um pequeno buraco, enterre nele o embrulho dos cacos e feche com a terra que cavou.

Acenda a vela fixada sobre o buraco e despeje toda a cachaça em volta, chamando o Sr. Tiriri e pedindo sua proteção.

Traga de volta todas as embalagens, inclusive a garrafa.

Para pedir proteção física e espiritual

7 sementes de tento-de-exu
1 pratinho ou tigela de barro
1 vela vermelha
1 copo comum
Cachaça

Se você tem um lugar fixo para fazer suas firmezas, realize este encantamento diante da imagem do Sr. Tiriri. Senão, ponha num lugar seguro, do lado de fora da sua casa ou local de trabalho.

Ponha os tentos-de-exu dentro do pratinho. Acenda a vela de um lado e ponha do outro o copo cheio de cachaça. Chame o Sr. Tiriri e peça a sua proteção.

Deixe o pratinho com as sementes sempre nesse lugar.

Uma vez por semana, acenda outra vela e dê outro copo de cachaça ao Sr. Tiriri.

Para proteger sua família contra o mau-olhado

1 vaso com um pé de arruda
1 vaso com uma pimenteira
1 vaso com um pé de comigo-ninguém-pode
1 vaso com um cacto
4 pedrinhas de hematita (ferro)
4 pedrinhas de carvão
4 pedrinhas de enxofre
4 espelhos pequenos (podem ser peças decorativas)

Imagine que a sua casa é um grande quadrado (ou retângulo). Determine quais são os lugares em que ficam os quatro cantos desse quadrado.

Ponha um dos vasos em cada um desses pontos, para guardar os quatro cantos da casa.

Em cada vaso enterre uma pedrinha de ferro, uma de carvão e uma de enxofre.

Ponha um espelho perto de cada vaso, de modo que a superfície refletora fique virada para fora da casa (mesmo que seja de frente para uma parede).

Uma vez por mês, lave o espelho e as pedras em água corrente e ponha de volta no lugar.

Para afastar inimigos

7 folhas de arruda
1 pedaço pequeno de papel fino
1 limão verde
Mel
1 vela bicolor (vermelha e preta)
7 palitos de dente
1 vela vermelha
1 garrafa de cachaça

Comece numa sexta-feira. Escreva o(s) nome(s) de seu(s) inimigo(s) no papel. Abra um buraquinho no limão. Enfie dentro dele o papel e as folhas de arruda. Feche o limão espetando os palitos como num alfineteiro.

Ponha o limão num lugar seguro (se possível, no lugar onde faz suas oferendas em casa). Acenda a vela bicolor ao lado e peça ao Sr. Tiriri que ajude a tirar os inimigos da sua vida.

Na segunda-feira, leve tudo (inclusive o frasco de mel) para um lugar de mato bem longe de casa. Ponha o limão no chão, se possível perto de um formigueiro. Derrame o mel por cima e repita o seu pedido.

Na semana seguinte, acenda a vela vermelha numa encruzilhada e despeje a cachaça em volta (traga a garrafa vazia com você).

Para limpar e proteger sua casa

7 pregos de ferro novos (podem ser pequenos)
1 pedaço de papel de seda preto
Martelo com dentes para arrancar pregos
Chave de parafuso
Pinça ou pegador que possa ser usado no fogo
Azeite de dendê
1 vela comum
Sal grosso
Água

Esse encantamento é ideal para ser feito quando você se mudar para uma casa nova, mas pode ser feita em qualquer tempo.

Comece com a limpeza. Examine todas as paredes da casa e veja se existem pregos ou parafusos velhos sem uso, especialmente se tiverem sido deixados por moradores antigos. Usando o martelo e a chave de parafuso, tire tudo.

Embrulhe todos os pregos e parafusos no papel preto. Leve para um lugar de mato ou terra longe de casa e enterre o embrulho.

Agora faça o encantamento de proteção.

Lave os pregos novos em água corrente, esfregando-os com sal.

Ponha um pouco de azeite de dendê numa tigela e acenda a vela. Pegue um dos pregos com a pinça, passe-o na chama da vela e mergulhe no dendê. Repita com todos os pregos.

Agora imagine que a sua casa é um grande quadrado. Determine quais são os lugares em que ficam os quatro cantos desse quadrado. Pregue um dos pregos em cada um desses cantos. Ponha num lugar discreto, como o batente de uma porta ou janela, ou o rodapé.

Para terminar, pregue os três pregos restantes na parede externa, logo acima da porta de entrada, formando um triângulo com a ponta voltada para cima.

O ideal é que esses pregos não fiquem visíveis, porque eles formam uma rede de proteção que é mais forte quando não recebe a força de pensamentos indesejados.

*Para proteger seu círculo de amizades
contra a inveja*

*1 palmo de fita vermelha larga
1 pote pequeno transparente (de vidro ou plástico)
3 olhos-de-boi
7 pregos de ferro pequenos
Sal comum o quanto baste
Pó de defesa (veja a receita neste livro)
Caneta ou lápis
Pedrinhas de carvão*

Escreva na fita os nomes das pessoas que pertencem ao seu círculo de amizades.

Forre o fundo do pote com uma camada de sal. Arrume sobre o sal os pregos como raios de uma roda, com as pontas viradas para fora. Polvilhe um pouco de pó de defesa.

Arrume os olhos-de-boi em pé sobre o sal, encostados na parede do pote, como se estivessem olhando para fora.

Encha o pote com sal quase até a borda.

Enrole a fita bem apertada e enfie no centro do pote, até que ela fique escondida no sal.

Forre toda a superfície do sal com pedrinhas de carvão.

Ponha o pote num lugar seguro e discreto.

Uma vez por ano, desfaça o pote. Lave o pote, os pregos e a fita. Despache o sal em água corrente, e o carvão e os olhos-de-boi no mato. Feito isso, monte o pote de novo.

Uma boa época para fazer esse feitiço é no Ano Novo.

Para tirar maus fluidos da sua casa nova

1 folha grande de papel
Barbante
Vassoura e pá
Pó de defesa (veja a receita neste livro)

No primeiro dia em que for à casa, assim que receber as chaves, varra-a minuciosamente, em todos os cantinhos de todos os cômodos. Vá levando todo o lixo para junto da porta de entrada. Ao terminar, recolha tudo e ponha sobre o papel.

Polvilhe com o pó de defesa e embrulhe, amarrando com o barbante.

Saia imediatamente e leve o embrulho para um lugar bem longe de casa. Jogue-o fora, polvilhando mais pó de defesa sobre ele.

Para pedir prosperidade

7 moedas de qualquer valor
7 folhas de abre-caminho
1 figa de guiné
1 ímã
1 saquinho de pano vermelho
1 pedaço de cordão
1 vela bicolor (preta e vermelha)
1 vaso com uma planta florida de que o Sr Tiriri goste (veja sugestões na parte sobre elementos de trabalho de Exu Tiriri)

Coloque as moedas, a figa e as folhas dentro do saquinho. Amarre bem a boca do mesmo, deixando solta uma ponta grande do cordão.

Ponha o saquinho no seu lugar de devoções e acenda a vela ao lado, fazendo seu pedido.

Quando a vela terminar de queimar pendure o saquinho na planta.

Ponha o vaso num lugar de destaque em sua casa. Cuide bem da planta, pois a sua prosperidade vai crescer conforme ela fique mais bonita e saudável.

Para conseguir um novo emprego

Pó de sucesso (veja a receita neste livro)
1 pedaço de papel branco
2 favas de exu
7 folhas de abre-caminho
7 moedas de qualquer valor
1 vela vermelha
Velas brancas comuns, o quanto baste
1 garrafa de cachaça

Escreva seu pedido no papel. Ponha dentro dele as favas, as folhas e as moedas. Polvilhe com o pó de sucesso e embrulhe, fazendo uma trouxinha.

Ponha o embrulho no seu lugar de devoções e acenda a vela ao lado, fazendo seu pedido.

Deixe o embrulho nesse lugar. Todos os dias, na mesma hora, acenda uma vela branca e renove o pedido.

Quando conseguir o emprego, abra o embrulho e queime o papel com as ervas na chama de uma vela. Recolha as cinzas e ponha no pé de uma planta. Leve a uma encruzilhada mais uma vela e despeje a cachaça em volta, agradecendo ao Sr. Tiriri.

Ponha as moedas na caixa de donativos de uma casa religiosa.

Para ter sucesso no trabalho

1 ímã
Pó de sucesso (veja a receita neste livro)
3 folhas de abre-caminho
1 saquinho de pano vermelho
Linha vermelha
1 vela vermelha
1 garrafa de cachaça
1 charuto

Ponha o ímã, as folhas e um pouco do pó de sucesso dentro do saquinho. Costure ou amarre a abertura com a linha.

Leve o saquinho, a vela, o charuto e a cachaça até uma encruzilhada. Acenda a vela e fixe-a no chão. Ponha o charuto aceso ao lado e despeje a cachaça em volta. Chame o Sr. Tiriri, apresente-lhe o saquinho e faça seu pedido.

Traga o saquinho com você (e também a garrafa e qualquer outra embalagem).

Guarde o saquinho num lugar discreto no seu local de trabalho ou leve-o com você.

Para se proteger contra os perigos do dia

Ori (limo da costa)
Pó de defesa (veja a receita neste livro)
Um pratinho

Antes de sair de casa, misture um pouquinho de ori com uma pitada do pó de defesa.

Passe na mistura o indicador da mão esquerda e cruze (trace uma cruz) a mão direita. Passe o indicador direito e cruze a mão esquerda.

A seguir, cruze o pé esquerdo com a mão direita e o pé direito com a mão esquerda.

Depois cruze a testa com a mão direita e a nuca com a mão esquerda.

Para terminar, cruze o peito com a mão direita.

Se sobrar um pouco da mistura no pratinho, despache em água corrente (na pia).

Para pedir saúde a Exu Tiriri

1 abacaxi bem bonito, com a coroa inteira
1 porção de carne moída crua
1 punhado de milho de pipoca
Azeite de dendê
1 folha de mamona
1 ramo de juazeiro
1 vela branca

Estoure as pipocas no dendê.

Tire a casca dos lados do abacaxi, deixando a coroa e a base inteiras. Em seguida, faça quatro cortes verticais nos lados do abacaxi, como se fosse cortar a fruta em cruz, mas deixe a base e o topo fechados (não corte as partes com casca da base e da coroa).

Faça quatro bolos crus com a carne moída.

Ponha o abacaxi sobre a folha de mamona. Para facilitar, a folha deve estar arrumada dentro de uma tigela larga.

Passe os bolos de carne no corpo da pessoa doente. Assim que passar cada bolo, enfie-o num dos cortes que fez no abacaxi.

Passe a pipoca no corpo da pessoa e espalhe-a em volta do abacaxi.

Leve a tigela com o abacaxi, o ramo de juazeiro e a vela para um lugar de campo ou mato, bem retirado, onde não haja risco de alguém se aproximar e receber os fluidos negativos da doença.

Passe com cuidado para o chão a folha de mamona com o abacaxi e as pipocas em cima. Cubra com o ramo de juazeiro e acenda a vela ao lado.

Traga a tigela e qualquer embalagem com você.

Chegando em casa, tome um banho de descarrego.

*Para mudar a sorte e resolver
uma situação que está emperrada*

*1 punhado de sal grosso
3 folhas de abre-caminho
Pó de mudança
Pote pequeno com tampa
1 vela vermelha*

Ponha as folhas para secar. Triture e misture com o sal e o pó de mudança. Ponha dentro do pote e feche.

Saia levando o pote. Vá caminhando até passar por sete encruzilhadas. Em cada uma, pare, pegue um pouco do pó e sopre-o na direção do vento, chamando o Sr. Tiriri e fazendo o seu pedido. Na sétima e última encruzilhada, sopre todo o pó que restar.

Volte por outro caminho, sem passar pelas sete encruzilhadas.

Chegando em casa, acenda a vela para o Sr. Tiriri.

Pontos de Exu Tiriri

Pontos cantados

*Deu uma ventania, ô ganga,
No alto da serra.
Era o Rei Tiriri, ô ganga,
Que veio para a Terra.*

*Ele é chefe da encruza,
O senhor da madrugada.
Ordenança de Ogum,
Sua morada é na estrada.
Exu Tiriri, Exu Tiriri,*

Exu Tiriri, Exu Tiriri.

Ele é Seu Tiriri,
Ele mora na calunga.
Quem quiser falar com ele,
Corre sete catacumbas.
Ele trabalha com o sol,
Trabalha com a lua, Exu.
Ele trabalha com o vento,
Trabalha com o tempo, Exu.

Deu meia-noite em ponto, o galo cantou.
Deu meia-noite em ponto, o galo cantou.
Cantou pra anunciar que Tiriri chegou.
Cantou pra anunciar que Tiriri chegou.

Pedra rolou, catacumba gemeu.
Pedra rolou, catacumba gemeu.
E quem vem lá é Tiriri Lonã.
E quem vem lá é Tiriri Lonã.

Ele vem da encruzilhada,
Traz seu mistério e uma espada.
Foi Pai Ogum que mandou,
Foi Pai Ogum que mandou.

Já deu a meia-noite,
Vamos ver quem vem aí.
Pra firmar nossa corrente,
Vem chegando o Tiriri.
Tiriri é belo, é belo,
Que belo Exu!

Já deu meia-noite,
A lua se escondeu.
Lá na encruzilhada,
Dando a sua gargalhada,
Tiriri apareceu.

Seu Tiriri tem sete obés de ouro.
Seu Tiriri tem sete obés de ouro.
Não mexa com esse Exu,
Esse Exu é o meu tesouro.

Eu vi Exu dando gargalhada,
Com tridente na mão,
Sua capa bordada.
Ele é Exu Tiriri,
Morador lá da encruza,
Vem firmar seu ponto aqui.

Já deu meia-noite lá na encruzilhada
Solte o galo preto, exu da madrugada (2x)
Lá na encruza eu vi o exu Rei
Eu vi Seu Tiriri e com ele eu falei (2x)

Vai lá que vai lá na porteira,
Vai na porteira à meia-noite,
Bebe marafo que nem água.
Quem é que vai dizer
Que o Tiriri não bebe nada?

Vou fazer minha oração,
Seu Tiriri foi que me deu.
Minha oração tem mironga,
Inimigo não me tomba.

Olha quem vem lá no portão,
De capa e cartola, com o pé no chão.
Olha quem vem lá no portão,
De capa e cartola, com o pé no chão.
Será seu Tiriri? Será? Será?
Será seu Tiriri? Será? Será?

Seu Tiriri Toquinho,
Quando vem pra trabalhar,

Ele vem beirando o rio,
Ele vem beirando o mar.
Porque ele é Tiriri,
Mas ele é Tiriri.

Ó meu senhor das armas,
Me diga quem vem aí,
Ele é Exu, Exu Tiriri!
Ele é Exu, Exu Tiriri!

Você não mora onde eu moro,
Você não vê o que eu vi,
Lá no meio do cruzeiro,
Ele é o Exu Tiriri.

Exu Tiriri de umbanda,
Dono da encruzilhada,
Risca o ponto, presta conta,
Ao romper da madrugada.

O mal que aqui entrou,
Ele entrou e vai sair.
Pegou ele pelo rabo
E entregou pro Tiriri.

Tiriri, faca de ponta,
Olha a capoeira que querem te pegar.
Olha a moça que gosta de sambar,
Olha o moço que quer batucar.
Aruê, aruê, aruê,
Aruê, aruê, aruá.

Pega o toco, tira o toco do caminho.
Pega o toco, tira o toco do caminho.
Se você não tira o toco, Tiriri tira sozinho.
Se você não tira o toco, Tiriri tira sozinho.

Exu Tiriri,
Exu Tiriri,
Pega os contrários
E tira daqui.

Pontos riscados

Ponto riscado de Exu Tiriri Lonã

Ponto riscado de Exu Tiriri Apavená

Ponto riscado de Exu Tiriri Bará

Ponto riscado de Exu Tiriri da Calunga

Ponto riscado de Exu Tiriri das Encruzilhadas

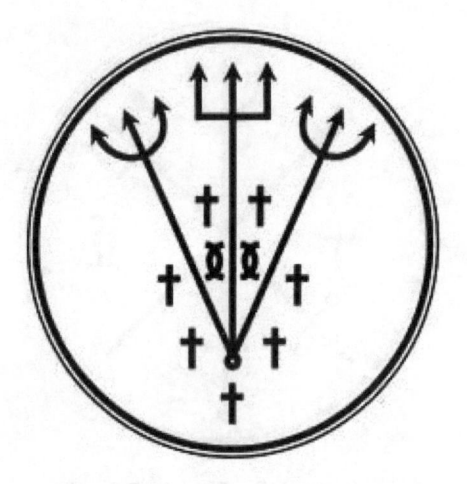

Ponto riscado de Exu Tiriri do Cruzeiro

Anexo: Ervas de Exu

Esta é uma coletânea de ervas que as várias vertentes das religiões afro-brasileiras associam de alguma forma ao orixá Exu e aos guardiões exus. São plantas sagradas das entidades, plantas que podem ser usadas em seus assentamentos e ebós, plantas para banhos, sacudimentos, defumações e feitiços, flores e frutas que as entidades apreciam. Algumas conhecidas em todo o país, outras mais restritas a algumas regiões. Além de servir aos devotos do Sr. Tiriri, essas informações serão úteis para melhor conhecer todos os nossos amigos guardiões do Povo da Rua.

Como muitas plantas têm nomes diferentes em diversas regiões do país, e além disso muitos nomes são dados a mais de uma planta, foi feito um grande esforço de pesquisa com o objetivo de identificar com exatidão as espécies citadas.

Alguns nomes científicos também estão diferentes dos encontrados em fontes mais antigas. Isso ocorre por três motivos: primeiro, as pesquisas ao longo do século XX fizeram com que muitas plantas, postas há muito tempo atrás numa família por causa de características externas, passassem para outra família por causa do seu real parentesco genético. Segundo, autores antigos puseram em plantas brasileiras nomes científicos de plantas estrangeiras, sem saber que eram plantas diferentes com o mesmo nome popular (dado a elas porque pareciam as plantas europeias). O terceiro motivo é o uso de nomes científicos (que são em latim) escritos de forma errada em alguma fonte original.

No final há uma lista de referências que permitirá aos interessados buscar mais informações, tanto sobre a classificação botânica das espécies, quanto sobre os aspectos religiosos das plantas.

ANEXO: ERVAS DE EXU

ABACATEIRO. Abacate. *Persea americana*, Lauraceae. Árvore nativa da América Central, naturalizada no Brasil. No rito angola é planta de Ogum, mas também é uma das folhas de Exu.

ABRANDA-FOGO. Folha-de-fogo, branda-fogo, erva-de-xangô. Ior.: ewé mówodoro iná. *Miconia calvescens*, Melastomataceae. Árvore nativa do Brasil, com uma folha que pode ficar enorme, roxa por baixo e verde aveludada por cima, com veios grossos. É uma das folhas de Exu.

ABRE-CAMINHO. Periquitinho-de-ogum, samambaia-abre-caminho, Ior.: ewé lorogún. *Lygodium volubile*, Lygodiaceae. Samambaia trepadeira nativa do Brasil. É planta de Ogum e Exu, usada em banhos de defesa, sacudimentos, defumações, pós e patuás para abrir os caminhos no trabalho ou na vida pessoal.

AÇOITA-CAVALO. Ivitinga, batinga, caa-abeti, caa-vitinga, envira-do-campo, estiveira, iratinga, mutamba-preta, uatinga, uacima-do-campo. *Luehea grandiflora*, Malvaceae. Árvore nativa do Brasil, atribuída a Exu e Ogum. É usada em banhos de descarrego, sacudimentos em pessoas e casas, e também em obrigações.

AÇUCENA-RAJADA. Cebola-cecém, cebola-cencém, açucena-d'água. *Crinum americanum*, Amaryllidaceae. Erva nativa do Brasil, que cresce em lugares alagados e lembra o amarílis. A cebola (bulbo) é de Exu. É usada em sacudimentos no trabalho e em casa.

ALFAVACA. Alfavaca-do-campo, alfavaca-cheirosa, alfavaca-cravo, remédio-de-vaqueiro. Ior.: ewé efínfín ìgbé. *Ocimum gratissimum*, Lamiaceae. Erva nativa da Ásia, naturalizada no Brasil. A alfavaca de folha clara é de Oxalá e de Xangô; a de folha roxa é de Exu.

AMENDOEIRA. Amendoeira-da-praia, sombreiro, chapéu-de-sol, castanhola, amendoeira-da-índia. *Terminalia catappa*, Combretaceae. Árvore nativa da África e naturalizada no Brasil. É de Ossaim e de Exu. Os galhos são usados para fazer sacudimentos em casa e no local de trabalho. Não deve ser confundida com a amendoeira europeia, praticamente inexistente no Brasil.

AMORA-BRANCA. Amora-verde, amora-do-mato. *Rubus erythroclados*, Rosaceae. Arbusto nativo do Brasil, parente da framboesa e da amora-silvestre. Tem os mesmos usos da Amora-negra (ver).

AMORA-NEGRA. Amoreira. Ior.: isan; ang.: mukamba. *Morus nigra*, Moraceae. Árvore nativa da Ásia e naturalizada no Brasil. É planta de Exu e Omolu, usada no culto aos eguns. A amora é uma das frutas de Exu e a árvore absorve fluidos negativos que libera ao anoitecer.

ANGELIM-AMARGOSO. Angelim-coco, angelim-pedra, angelim-preto, angelim-verdadeiro, angelim--do-campo, morcegueira, angelim-de-morcego, pau-de-morcego, lombrigueira, pau-lombriga, aracurí, araquí, bracuí, gracuí, sucupira-vermelha. *Andira anthelmia*, Fabaceae. Árvore nativa do Brasil, consagrada a Exu e Nanã. A casca é utilizada para banhos de descarrego na força de Exu.

ANILEIRA. Caaobi, caobi, caubi, caá hobi, caá-chica, timbó-mirim, timbozinho, anileiro-da-índia, erva-de-anil, guajaná-timbó, índigo. Ior.: elú-àjà. *Indigofera suffruticosa*, Fabaceae. Arbusto nativo do Brasil, parente do anil asiático e com as mesmas aplicações. Usada em ritos de assentamento, banhos e sacudimentos de casas.

ANIS-ESTRELADO. Badiana, anis-da-sibéria, badiana-da-china, badiana-de-cheiro, funcho-da-china. *Illicium verum*, Schisandraceae. Arbusto nativo da Ásia, não cultivado no Brasil: a vagem seca é importada como especiaria. Dele é feito o licor de anis, tão apreciado pelas pombagiras.

ANTÚRIO. *Anthurium andreanum*, Araceae. Erva nativa do Brasil, cuja floração se caracteriza por uma espiga de florzinhas miúdas, cercada por uma folha grande e brilhante, em forma de coração. A variedade vermelha é uma das flores que podem ser dadas a Exu.

AROEIRA. Aroeira-vermelha, aroeira-mansa, aroeira--precoce, aroeira-pimenteira, aroeira-do-sertão. Ior.: àjóbi pupa; ang.: kisaba mulongo. *Schinus terebinthifolius*, Anarcadiaceae. Árvore nativa do Brasil. Dizem que, em diferentes partes do dia, essa folha pertence a Ogum, Exu e Ossaim. É usada em ritos de assentamento, ebós, banhos de descarrego e sacudimentos de casa.

AROEIRA-BRANCA. Aroeira-brava, aroeirinha, bugreiro, aroeira-do-brejo, aroeira-de-capoeira. Ior.: àjóbi funfun. *Lithraea molleoides*, Anarcadiaceae. Árvore nativa do Brasil. Folha quente, usada em banhos de descarrego e sacudimentos.

ARREBENTA-CAVALO. Arrebenta-boi, joá, joá-bravo, joá-de-espinho, joá-melancia, mata-cavalo.

Ior.: ewé bòbo. *Solanum aculeatissimum*, Solanaceae. Arbusto nativo do Brasil. É erva de Exu, usada em banhos fortes de descarrego e magias para atrair simpatia.

ARRUDA. Arruda-de-jardim, arruda-doméstica, arruda-fedorenta, erva-arruda. Ior.: atopá kun; ang.: paku. *Ruta graveolens*, Rutaceae. Arbusto nativo da Europa e naturalizado no Brasil. A arruda macho (de folhas grandes e alongadas) é erva de Exu; a arruda fêmea (de folhas menores e arredondadas) é de Oxóssi. As folhas são usadas em banhos de descarrego, contra maus fluidos e olho-grande, e também como amuleto contra o mau-olhado. A planta inteira, num vaso, é um escudo contra o mau-olhado, podendo morrer se absorver muita energia negativa. Os galhos são usados para sacudimentos. Da madeira são feitas figas usadas como amuletos protetores.

ASSA-PEIXE. *Vernonia polysphaera*, Compositae. Erva nativa do Brasil, atribuída a Exu, Obá, Nanã, Oxum e Omolu. Usada em banhos de descarrego e ritos de iniciação.

ASSAFÉTIDA. *Ferula assa-foetida*, Apiaceae. Resina da raiz de uma planta nativa da Ásia. Em geral só é encontrada em importadores. Usada em defumações na força de Exu.

AVELÓS. Figueira-do-diabo, gaiolinha, aveloz, coroa-de-cristo, dedo-de-diabo. *Euphorbia tirucalli*, Euphorbiaceae. Arbusto nativo da África e aclimatado no Brasil, que produz uma seiva cáustica. É planta de Exu e Omolu, usada nos ritos de assentamento.

AZEVINHO. Falso-azevinho, cruz-de-malta. *Malpighia ilicifolia*, Malpighiaceae. Arbusto nativo das Antilhas e naturalizado no Brasil. Tem folhas espinhentas, flores cor-de-rosa e frutinhas vermelhas. É planta de Exu, muito utilizada na magia da direita e da esquerda. Não deve ser confundido com o azevinho europeu ou azevinho verdadeiro (*Ilex aquifolium*), que praticamente não existe no Brasil.

BANANEIRA. Banana, pacova. *Musa paradisiaca*, Musaceae. Erva de grande porte nativa da Ásia e naturalizada no Brasil. É usada em ritos de assentamento, defumações e ebós. As raizes são de egum; a parte baixa do tronco, de Iroko; a parte alta do tronco e o pendão floral (que pode ser posto em oferendas), de Exu; as folhas, de

Ossaim, Oxalá e Iemanjá; os frutos, de Xangô e Oxum; e as fibras do tronco, de Oxóssi e Ossaim.

BARBA-DO-DIABO. Ver Garra-do-diabo.

BARDANA. Erva-do-tinhoso. *Arctium lappa*, Asteraceae. Arbusto nativo da Europa e aclimatado no Brasil. É planta só de Exu. Usada em banhos fortes de descarrego.

BATE-TESTA. Camapu, folha-da-praga, camaru, fisalis, bucho-de-rã, joá-de-capote, juá-roca, juá-poca, mata-fome, canapum, camapum, saco-de-bode, alquenquenje, erva-noiva, cereja-de-judeu, balão-rajado, balãozinho, tomate-lagartixa, tomate-barrela, tomate-capucho. Ior: ewé epè (folha da maldição). *Physalis angulata*, Solanaceae. Erva nativa do Brasil. Planta atribuída a Exu, Omolu e Oxóssi. Mas deve ser usada apenas por quem conheça bem os cuidados necessários, pois é uma folha negativa.

BELADONA. Saia-branca, trombeta, erva-do-diabo, zabumba, figueira-do-inferno. *Brugmansia suaveolens*, Solanaceae. Arbusto nativo do Brasil, extremamente tóxico. É planta de Exu, usada em sacudimentos em casa e no trabalho. Não deve ser confundida com a beladona verdadeira (*Atropa belladonna*), arbusto nativo da Europa, só encontrado no Brasil como remédio.

BELDROEGA. Bredo-de-porco, ora-pro-nóbis, onze-horas. Ior: égún ete. *Portulaca oleracea*, Portulacaceae. Erva de origem incerta (talvez asiática), naturalizada no Brasil. É usada em ritos de assentamento de Exu e contra feitiços.

BICO-DE-PAPAGAIO. Corticeira, mulungu, suinã, canivete, capa-homem. Ior: odidi. *Erythrina mulungu*, Fabaceae. É planta de Exu e Xangô, sendo usada em ritos de iniciação e em banhos de limpeza. Não deve ser confundida com a poinsétia ou estrela-do-natal (*Euphorbia pulcherrima*), cuja variedade de flor branca é de Oxalá e a de flor vermelha é de Ogum.

BREDO. Caruru, amaranto. Ior.: teté. *Amaranthus viridis*, Amaranthaceae. Erva comestível nativa do Brasil. É uma das folhas de Exu.

BREDO-FEDORENTO. O mesmo que Mussambê.

BRINCO-DE-PRINCESA. Fúcsia, lágrima, agrado. *Fuchsia hybrida*, Onagraceae. Arbusto ornamental muito cultivado no Brasil, produto híbrido de várias espécies nativas da América do Sul. É planta sagrada de Exu, usada em banhos fortes de descarrego.

CAA HOBI. O mesmo que Anileira.

CABEÇA-DE-ELEFANTE. Amaranto-cabeça-de-elefante. *Amaranthus caudatus*, Amaranthaceae. Erva nativa dos Andes e naturalizada no Brasil. As flores cor de vinho, que formam um aglomerado parecido com uma cabeça de elefante, podem ser dadas a Exu.

CABEÇA-DE-NEGRO. Batata-cabeça-de-negro, tejuco. *Caput nigri*, Cucurbitaceae. Trepadeira nativa do Brasil. O bulbo (batata da raiz) e os ramos são usados em banhos de descarrego e obrigações.

CACTO. Nome comum a diversas plantas da família das Cactáceas: facheiro, facheiro-preto, figueira-do-inferno, mandacaru, palmatória, xiquexique. Todos os cactos são plantas de Exu. São usados em banhos fortes de limpeza e descarrego.

CAJUEIRO. Caju. *Anacardium occidentale*, Anacardiaceae. Árvore nativa do Brasil, atribuída a Iroko e Exu. As folhas são usadas em banhos de descarrego. O caju é uma das frutas de Exu.

CAMAPU. O mesmo que Bate-testa.

CAMARÃO-VERMELHO. Flor-camarão, beloperone, camarão, camarão-vegetal, planta-camarão.

Justicia brandegeeana, Acanthaceae. Arbusto nativo do México, naturalizado no Brasil. A flor pode ser dada a Exu.

CAMBARÁ. Cambará-de-cheiro, cambará-de-chumbo, camará. Ior.: ábitolá. *Lantana camara*, Verbenaceae. É planta de Exu e Xangô. Utilizada em rituais litúrgicos e banhos de limpeza.

CANA-DE-AÇÚCAR. Cana, cana-caiana. Ior.: ìrèké. *Saccharum spp.* (híbrido de várias espécies), Poaceae. Erva nativa da Ásia, aclimatada no Brasil. Os talos são de Exu e as folhas são de Preto-velho. O talo cortado em roletes é apreciado por Exu como fruta. O bagaço do talo é usado em defumações para afastar eguns.

CANELA. Canela-da-índia, canela-da-china. *Cinnamomum zeylanicum*, Lauraceae. É a casca do tronco da caneleira, árvore nativa da Ásia. Só encontrada no Brasil como especiaria, na forma de pedaços da casca (canela em pau) e em pó. É o aroma dos exus das encruzilhadas. É usada como defumador de atração para progresso no trabalho e nos negócios, sucesso e prosperidade.

CANELA-SASSAFRÁS. Canela. *Ocotea odorifera*, Lauraceae. Árvore nativa do Brasil. A casca do tronco, os galhos e as folhas possuem uma essência semelhante à da canela asiática, com as mesmas propriedades e os mesmos usos rituais desta, que tende a substituir no Brasil. A canela-sassafrás é a espécie de que se usam as folhas.

CANJERANA. Cacharana, cangerana, canharana, canjarana, cayarana, pau-de-santo, pau-santo. *Cabralea canjerana*, Meliaceae. Árvore nativa do Brasil. É planta de Exu. A casca do tronco é usada como pó para limpeza de ambientes.

CANSANÇÃO. Ver Urtiga.

CANUDO. O mesmo que Mata-cabras.

CAPIM. Ver Dandá e Patchuli.

CARDO-SANTO. Papoula-de-espinho, erva-de-cardo-amarelo, papoula-do-méxico. Ior.: èékánná ekún (garra-de-leopardo). *Argemone mexicana*, Papaveraceae. Planta nativa do México e aclimatada no Brasil. É planta de Exu, usada para banhos de descarga e purificação de casas. Deve ser usada com cuidado, pois é tóxica.

CARNE-DE-ANTA. Limãozinho, lenha-branca. *Maytenus obtusifolia*, Celastraceae. Arbusto nativo do Brasil. Usado em rituais de assentamento de

Exu e em banhos de purificação. O nome também é dado na Amazônia à Maminha-de-porca.

CARRAPATEIRA. O mesmo que Mamona.

CARRAPICHO-RASTEIRO. Amor-de-negro, carrapicho-de-carneiro, espinho-de-agulha, picão-da-praia. Ior.: ewé dágunró. *Acanthospermum xanthioides*, Asteraceae. Erva nativa do Brasil, atribuída a Exu, Oxóssi e Logunedê.

CARURU. Ver Bredo e Tintureira.

CASCAVELEIRA. Chocalho, chocalho-de-cascavel, guizo-de-cascavel, maracá-de-cobra, feijão-de-guizo, xiquexique. Ior.: ewé ìsin. *Crotalaria retusa*, Fabaceae. Arbusto, nativo da África, naturalizado no Brasil. Planta de Exu e Xangô, tem este nome por causa da vagem que faz um barulho de chocalho. É usada em rituais de assentamento de Exu, em banhos fortes de descarrego e para circundar ebós de defesa.

CATINGUEIRA. Catinga-de-porco, pau-de-rato. *Caesalpinia pyramidalis*, Fabaceae. Árvore nativa do Brasil. É planta de Exu, usada em ritos de assentamento e em banhos de descarrego.

CEBOLA. Alubaça. *Allium cepa*, Liliaceae. Erva nativa do Oriente Médio, naturalizada no Brasil. É uma das comidas preferidas de Exu, tanto na variedade branca quanto na roxa. Também é usada no candomblé como oráculo, para confirmar a aceitação de rituais para Exu e egum.

CEBOLA-CENCÉM. O mesmo que Açucena-rajada.

CEBOLA-DO-MATO. Açucena-do-jardim, cebola-barrão, mangue-cebola. *Griffinia gardneriana*, Amarylidaceae. Erva nativa do Brasil, ligada a Exu e Omolu. É usada em sacudimentos de casa.

CHAPÉU-TURCO. Chapéu-de-turco, folha do quiabeiro. *Abelmoschus esculentus*, Malvaceae. Planta africana naturalizada no Brasil. Folha de Exu, é usada para enfeitar sua casa, além de servir para banhos fortes de descarrego.

CHORÃO. *Acalypha poiretii*, Euphorbiaceae. Erva nativa do Brasil. É planta de Exu, considerada "erva brava". Não deve ser confundida com o salgueiro-chorão (*Salix sp.*), originário da Ásia e usado em paisagismo.

COERANA. Coerana-brava, coerana-branca, canema, baúna, esperto, pimenteira, maria-preta, dama-da-noite, anilão. Ior.: ìkerègbè. *Cestrum axillare*, Solanaceae. Arbusto nativo do Brasil. É planta de Exu, considerada "erva brava". O nome também é dado a outras plantas do genero Cestrum.

COMIGO-NINGUÉM-PODE. Aningapara. *Dieffenbachia seguine*, Araceae. Erva nativa do Brasil. Planta protetora, plantada em casa ou no local de trabalho para bloquear energias negativas. Também é usada em banhos de descarrego.

CORREDEIRA. Folha-da-feiticeira, botão-de-ouro, corredeira-preta, barbatana. Ior.: ewé ajê. *Synedrella nodiflora*, Asteraceae. Erva nativa do Brasil. É planta de Exu, usada em rituais de assentamento dessa entidade e na preparação de pó de afastamento (com a raiz).

CRAVO. Craveiro. *Dianthus caryophyllus*, Caryophyllaceae. Erva nativa da Europa e aclimatada no Brasil. Cultivada como planta ornamental pelas suas flores, os cravos, que podem ter diversas cores. O cravo vermelho é aceito por Exu.

CRAVO-DA-ÍNDIA. Cravinho. *Syzygium aromaticum*, Myrtaceae. Botão da flor de uma árvore nativa da Ásia, vendido seco como especiaria. É usado em banhos, defumações e ebós na força de Exu.

CUNANÃ. Cunabi, canapuan, candomblé, cumanam, mandacaru-de-leite. *Euphorbia phosphorea*, Euphorbiaceae. Erva nativa do Brasil, parecida com o avelós. É planta de Exu, usada em banhos fortes de descarrego e em rituais de oferenda a Exu.

DANDÁ-DA-COSTA. Tiririca, junça, junquinho, capim-dandá, capim-alho, chufa, três-quinas, barba-de-bode. Ior.: abo làbelàbe. *Cyperus esculentus*, Cyperaceae. Erva nativa da África, naturalizada no Brasil. raiz com tubérculos. É atribuída a Exu, Ogum, Oxóssi e Ossaim. A raiz tem "batatas" (tubérculos) perfumadas e comestíveis. A batata torrada é usada para fazer um pó de mudança; sem torrar, faz pó de atração; também é usada em defumações de limpeza.

DORMIDEIRA. Sensitiva, malícia-de-mulher, maria-fecha-porta, juquiri-rasteiro. Ior.: apeje; ang.: kisaba musandala. *Mimosa pudica*, Fabaceae. Erva nativa do Brasil, consagrada a Exu e Iansã. É usada em rituais de assentamento e em trabalhos com Exu.

ERVA-DO-TINHOSO. O mesmo que Bardana.

ERVA-DOS-CACHOS. O mesmo que Tintureira.

ERVA-PREÁ. Erva-de-são-simão, cambará-ussu, assa-peixe, maria-preta. *Cyrtocymura scorpioides*, Asteraceae. Trepadeira nativa do Brasil. É planta de Exu, usada em banhos de descarrego e sacudimentos de pessoas e casas.

ERVA-QUEIMADEIRA. Ver Urtiga.

ESCOVA-DE-MACACO. Flor-de-fogo, escovinha. *Combretum fruticosum*, Combretaceae. Trepadeira nativa do Brasil. A flor laranja-avermelhada é aceita por Exu.

ESPONJINHA. Caliandra, esponjinha-vermelha. *Calliandra brevipes*, Fabaceae. Arbusto nativo do Brasil. As flores, agrupadas num cacho que parece um pompom vermelho, são aceitas por Exu.

ESTRAMÔNIO. Trombeta, figueira-do-diabo, figueira-do-inferno, figueira-brava, zabumba. *Datura stramonium*, Solanaceae. Erva nativa da Ásia, muito tóxica, cultivada no Brasil. É folha de Exu.

FACHEIRO. Facheiro-fino, mandacaru-de-veado. *Pilosocereus pentaedrophorus*, Cactaceae. Cacto nativo do Brasil. Ver Cacto.

FACHEIRO-PRETO. *Facheiroa squamosa*, Cactaceae. Cacto nativo do Brasil, que tem a forma de um grande arbusto ramificado, ereto. Ver Cacto.

FALSO-CARDO. Acanto, acanto-manso, justícia-de--espinho, capota-de-espinho, branca-ursina, erva-gigante, gigante, pé-de-urso. Ior.: ahón ekún (língua de leopardo). *Acanthus montanus*, Acanthaceae. Arbusto nativo da região do Mediterrâneo, cultivado no Brasil como planta ornamental. Folha de Exu, usada em ebós para prosperidade e rituais litúrgicos.

FEDEGOSO. Fedegoso-verdadeiro, aleluia, balambala, cabo-verde, café-negro, folha-do-pajé, ibixuna, mamangá, manduirana, pau-fava, tararagu. Ior.: ewé rere. *Senna occidentalis*, Fabaceae. Árvore nativa do Brasil. É usada para fazer sacudimentos em casa e também para rituais de limpeza dos lugares onde foram realizados rituais de Exu.

FEDEGOSO-CRISTA-DE-GALO. Aguaraquinha, borragem-brava, crista-de-galo, fedegoso-bravo. *Heliotropium angiospermum*, Boraginaceae. Arbusto nativo do Brasil. As folhas são usadas em banhos fortes de descarrego. Folhas, flores e sementes são empregadas no preparo de um pó que tem efeitos benéficos ao ser pulverizado em pessoas e ambientes. Os galhos são usados para cercar oferendas para Exu.

FIGO. Figueira, figueira comum, figo roxo. *Ficus carica*, Moraceae. Árvore nativa do Oriente Médio, cultivada no Brasil por seus frutos. A planta viva traz o axé protetor de Exu para a casa em que é plantada. Os figos são bem aceitos pelas pombagiras.

FIGO-BENJAMIM. Ficus. *Ficus benjamina*, Moraceae. Árvore nativa da Ásia e aclimatada no Brasil. É o ficus comum, de folhas pequenas, muito encontrado em ruas e jardins. É usado em rituais de assentamento de Exu e em banhos fortes de descarrego.

FIGO-DO-INFERNO. O mesmo que Pinhão-branco. Não deve ser confundida com a Figueira-do--inferno (ver).

FIGUEIRA-DO-DIABO. O mesmo que Avelós.

FIGUEIRA-DO-INFERNO. Palmatória, palma, palma--gigante, figo-da-índia, figo-da-espanha, jamaracá, jurumbeba. *Opuntia ficus-indica*, Cactaceae. Cacto nativo do México, naturalizado no Brasil. Ver Cacto.

FIGUEIRA-PRETA. *Ficus retusa*, Moraceae. Árvore nativa da Ásia e aclimatada no Brasil. Parece o Figo-benjamim e tem os mesmos usos. É o ficus usado para fazer bonsais.

FLOR-DE-SANTO-ANTÔNIO. Cigarro, cufeia. *Cuphea ignea*, Lythraceae. Arbusto nativo do México, cultivado no Brasil como planta ornamental. As flores vermelhas podem ser dadas a Exu.

FOLHA-DA-COSTA. Folha da fortuna, saião-roxo, coirama-vermelha, folha-milagrosa, folha-grossa, milagre-de-são-joaquim. Ior.: àbámodá. *Bryophyllum pinnatum*, Crassulaceae. Planta suculenta nativa da África e naturalizada no Brasil. É geralmente atribuída a Oxalá e Exu, mas serve a todos os orixás. É usada nos rituais de iniciação e assentamento, em banhos de descarrego e feitiços para prosperidade e defesa.

FOLHA-DE-FOGO. Ver Urtiga.

FUMO. Tabaco. *Nicotiana tabacum*, Solanaceae. Arbusto nativo das Américas Central e do Norte, naturalizado no Brasil. Exus e pombagiras usam o fumo como elemento de trabalho, sob a forma de charutos, cigarros e cigarrilhas. Esses elementos tanto são utilizados pelas próprias entidades incorporadas, como são frequentemente usados como oferendas.

GAIOLINHA. O mesmo que Avelós.

GARRA-DO-DIABO. Barba-do-diabo. *Harpagophytum procumbens*, Pedaliaceae. Erva nativa da África, as partes usadas na religião e na medicina são importadas. A planta inteira, conhecida na religião como barba-do-diabo, é atribuída a Exu. Os frutos secos, que parecem garras, são as favas Unha-de-exu e Unha-de-pombagira (ver), utilizadas em encantamentos e rituais dessas entidades.

GRATIA-DEI. Ver Urtiga.

GUARAREMA. O mesmo que Pau-d'alho.

HORTELÃ-PIMENTA. Menta, menta-inglesa, hortelã-apimentada. *Mentha x piperita*, Lamiaceae. Erva originária da Europa, naturalizada no Brasil. É cultivada como erva medicinal, não é a hortelã de cozinha. É planta de Exu. É usada em rituais de assentamento dessa entidade, plantada em volta da sua casa e empregada em banhos de descarga.

ÍNDIGO. O mesmo que Anileira.

IVITINGA. O mesmo que Açoita-cavalo.

JAMELÃO. Jambolão, manjelão, azeitona-preta, baga-de-freira, brinco-de-viúva. guapê. *Syzygium cumini*, Myrtaceae. Árvore originária da Ásia, naturalizada no Brasil. Os frutinhos roxos, quase pretos, são uma das frutas apreciadas por Exu.

JAPECANGA. Salsaparrilha, japecanga-do-mato, douradinha, aputá, cipó-japecanga, japicanga-miúda. *Smilax elastica*, Smilacaceae. Trepadeira nativa do Brasil, parente da salsaparrilha europeia. O nome também é dado a outras espécies de *Smilax* brasileiras. Atribuída a Exu, a erva é usada em banhos de descarrego e ebós de defesa.

JAQUEIRA. Jaca. *Artocarpus heterophyllus*, Moraceae. A jaca é uma das frutas aceitas por Exu.

JARACATIÁ. Mamãozinho, mamão-bravo, mamota. *Jacaratia spinosa*, Caricaceae. Ávore nativa do Brasil. Planta atribuída só a Exu. As folhas são usadas em banhos fortes de descarrego e em ebó de defesa.

JEQUIRITI. O mesmo que Tento-de-exu.

JUAZEIRO. Joazeiro. *Ziziphus joazeiro*, Rhamnaceae. Árvore nativa do Brasil, atribuída só a Exu. As folhas são usadas em banhos fortes de descarrego e em limpezas de casas. Os galhos são empregados para cobrir ebós de defesa.

JUCIRI. O mesmo que Jurubeba.

JUNQUINHO. O mesmo que Dandá-da-costa.

JUNQUIRIOBA. O mesmo que Jurubeba.

JUREMA-PRETA. *Mimosa tenuiflora*, Fabaceae. Árvore nativa do Brasil, usada ritualmente pelos povos indígenas e, hoje em dia, o centro do culto de Jurema. Na umbanda é planta de Exu. A casca do tronco é usada em banhos de descarrego. As folhas servem para defumações, rezaduras, poções e ebós de defesa.

JURUBEBA. Juciri, junquirioba. *Solanum paniculatum*, Solanaceae. Arbusto nativo do Brasil, atribuído a Exu, Ossaim e Oxóssi. É usado em rituais de iniciação e em banhos de purificação.

LANTERNA-CHINESA. Lanterna-japonesa, sininho, campainha. *Abutilon striatum*, Malvaceae. Arbusto nativo do Brasil, cultivado como planta ornamental. As flores são usadas para enfeitar o assentamento e as oferendas a Exu. A planta é utilizada também em banhos fortes de descarrego.

LARANJA. Laranjeira. *Citrus x aurantium*, Rutaceae. Árvore nativa da Ásia e naturalizada no Brasil. A laranja de variedade azeda é uma das frutas apreciadas por Exu.

LARANJEIRA-DO-MATO. Pau-rainha, laranjeira-do-banhado. *Actinostemon concolor*, Euphorbiaceae. Árvore nativa do Brasil, atribuída a Exu. É usada em banhos fortes de descarrego.

LIMÃO. Limoeiro, limão-taiti. *Citrus x latifolia*, Rutaceae. Árvore nativa da Ásia e naturalizada no Brasil. É uma das frutas de Exu. Este é o limão verde, pequeno. Outras frutas cítricas que recebem o mesmo nome são o limão-cravo (que parece uma tangerina pequena), o limão-galego (lima ácida, pequena e amarela) e o limão-siciliano (limão-verdadeiro, oval, com casca grossa e amarela).

LIMÃOZINHO. O nome é dado a duas plantas diferentes, ambas de Exu: Carne-de-anta e Maminha-de-porca.

LOSNA-SELVAGEM. Losna-do-campo, ambrosia-americana, cravo-da-roça, artemija, artemísia-da-terra, cravorana, carprineira. *Ambrosia artemisiaefolia*, Asteraceae. Erva nativa do Brasil. É folha de Exu e Ossaim.

MAÇÃ. Macieira. *Malus x domestica*, Rosaceae. Árvore nativa da Ásia e aclimatada nas regiões mais frias do Brasil. A maçã vermelha é uma das frutas aceitas por exus e pombagiras.

MALÍCIA-DE-MULHER. O mesmo que Dormideira.

MALVAÍSCO. Malvavisco, malvarisco, hibisco-colibri, malvavisco-brinco-de-princesa. *Malvaviscus arboreus*, Malvaceae. Arbusto nativo do México e naturalizado no Brasil, que dá flores parecidas com hibiscos fechados. Erva de Exu, usada em banhos.

MAMÃO-BRAVO. O mesmo que Jaracatiá.

MAMINHA-DE-PORCA. Limão-bravo, limãozinho-de-são-paulo, carne-de-anta, espinho-de-vintém, juva, laranjeira-brava, laranjinha-do-mato, limeirinha, pau-de-cachorro, tamanqueira, tinguaciba. *Zanthoxylum monogynum*, Rutaceae. Árvore nativa do Brasil. Os galhos são usados em rituais de Exu e em sacudimentos de casas.

MAMONA. Carrapateira, mamoneira, rícino. Ior.: ewé lárà; ang.: xabidinhu. *Ricinus communis*, Euphorbiaceae. Árvore nativa da África, naturalizada no Brasil. As folhas servem como recipientes para oferendas a Exu, e as sementes piladas são usadas em rituais de assentamento da entidade. Não tem uso na medicina popular. A mamona roxa ou vermelha (com ramos, folhas e frutos roxos ou avermelhados) é uma variedade da mesma espécie, criada para fins agrícolas.

MAMOTA. O mesmo que Jaracatiá.

MANDACARU. Mandacaru-de-boi, mandacaru-facheiro, mandacaru-de-faixo, cardeiro, jamacaru, jamaracurú, jumucurú, jumarucú, cumbeba, urumbeba. *Cereus jamacaru*, Cactaceae. Cacto nativo do Brasil. Ver Cacto.

MANDIOCA. Mandioca-brava, mandioca-amarga. *Manihot esculenta*, Euphorbiaceae. Erva nativa do Brasil, cuja raiz foi a base da alimentação dos povos indígenas sob a forma de farinha. A farinha de mandioca é usada para preparar as farofas que estão entre as comidas prediletas de Exu. O nome também é dado à mandioca-mansa (aipim ou macaxeira, *Manihot utilissima*), que pode ser comida simplesmente cozida.

MANGUE-CEBOLA. O mesmo que Cebola-do-mato.

MANGUEIRA. Manga. *Mangifera indica*, Anacardiaceae. Árvore nativa da Ásia, naturalizada no Brasil. É atribuída a Exu e Ogum. A folha é usada em banhos fortes de descarrego, em rituais de iniciação e como forração do piso do barracão nas festas. A manga é uma das frutas de Exu.

MANJERIOBA. Mangerioba, mangirioba, manjirioba. *Senna occidentalis*, Fabaceae. Arbusto nativo do Brasil. É planta de Exu, usada em banhos de descarrego e em sacudimentos de pessoas e locais de trabalho.

MARIA-MOLE. Sete-sangrias, congonha-falsa, pau-de-cangalha, congonha-do-campo, cana-preta. *Symplocos sp.*, Symplocaceae. Arbusto nativo do Brasil. É planta de Exu, usada em banhos de descarrego e para sacudimentos em casas e locais de trabalho.

MATA-CABRAS. Canudo, canudo-de-pito, mata-cobras, algodão-do-pantanal, algodão-bravo, campainha-de-canudo. *Ipomoea carnea*, Convolvulaceae. Arbusto nativo do Brasil. Folha de Exu, usada para sacudimento em locais de trabalho.

MATA-PASTO. Fedegoso verdadeiro, folha-de-pajé, lava-pratos. *Senna obtusifolia*, Fabaceae. Ior.: àgbolà. Os ramos são usados em banhos de descarrego e para sacudimentos em pessoas, casas e locais de trabalho.

MILHO. Ior.: àgbàdo. *Zea mays*, Poaceae. O milho vermelho (àgbàdó pupa) é usado para fazer acaçá vermelho para Exu. As folhas de milho são usadas em defumações e rituais de assentamento de Exu. Do milho-alho é feita a pipoca usada em oferendas.

MORCEGUEIRA. O mesmo que Angelim-amargoso.

MUSSAMBÊ. Mussambê-branco, mussambê-de-espinho, mussambê-miúdo, mussambê-de-três-folhas, mussambê-de-cinco-folhas, mussambê-de-sete-folhas, sete-marias. Ior.: ekùyá. *Tarenaya spinosa*, Cleomaceae. Erva nativa do Brasil, atribuída a Exu, de quem é uma das folhas preferidas. É usada em rituais de assentamento, banhos de descarrego, sacudimentos e defumações.

OLHO-DE-BOI. Mucuna, café-berão, coronha, pó-de-mico, queima-queima. Ior.: yerepe. *Mu-*

cuna pruriens, Fabaceae. Trepadeira nativa do Brasil. As sementes, chamadas olho-de-boi, são atribuídas a Exu e usadas contra o mau-olhado. O pó feito dos pelos que cobrem as vagens provoca coceira, e é usado como pó em feitiços de afastamento. O olho-de-boi também é usado em rituais de assentamento de exus.

OLHO-DE-GATO. Arraiozes, inimbo, inimboja, juquirirana, silva-da-praia. *Guilandina bonduc*, Fabaceae. Trepadeira nativa do Brasil. Erva de Exu.

ORA-PRO-NÓBIS. *Pereskia aculeata*, Cactaceae. Cacto trepadeira. nativo do Brasil. É folha de Exu, usada em rituais de assentamento e banhos fortes de descarrego.

ORELHA-DE-ELEFANTE. Papo-de-peru-grande, cipó-mil-homens, milhome-gigante, cipó-de-cobra, mata-porco. *Aristolochia gigantea*, Aristolochiaceae. Trepadeira nativa do Brasil. A flor roxa ou avermelhada, com a forma de coração, de meio metro de largura e cheiro forte, pode ser dada a Exu. Os galhos são usados como amuletos de proteção, postos sob o colchão ou levados com a pessoa.

PALMATÓRIA. Urumbeba, rumbeba, cumbeba, mumbeca, mumbebo, facho-de-renda, palma-do-diabo, palmatória grande, palmatória-de-exu, palmatória-do-diabo, ambeba, arumbeva, gerumbeba, palmadora, xiquexique-do-sertão. *Brasiliopuntia brasiliensis*, Cactaceae. Ver Cacto.

PALMEIRA-AFRICANA. Palmeira-branca, palmeira-marfim. *Borassus aethiopum*, Arecaceae. Palmeira nativa da África, eventualmente cultivada no Brasil É uma folha de Exu, usada em banhos de descarrego.

PAPOULA [1]. O mesmo que Cardo-santo.

PAPOULA [2]. Hibisco, graxa-de-estudante. *Hibiscus rosa-sinensis*, Malvaceae. Arbusto nativo da Ásia e naturalizado no Brasil. A variedade de flor vermelha é aceita por Exu.

PATCHULI. Capim-cheiroso, capim-vetiver, capim-de-cheiro, grama-cheirosa, grama-das-índias, falso-patchuli, raiz-de-cheiro. Ior.: ewé lègbá. *Chrysopogon zizanioides*, Poaceae. Erva nativa da Ásia e cultivada no Brasil para extração das raízes aromáticas, usadas como sachê e na produção de essências. A raiz ao natural e o perfume pronto são apreciados particularmente pelas pombagiras mirins e pelas que trabalham na calunga.

PAU-D'ALHO. Guararema, gurarema, ibirarema, ubaeté. *Gallesia integrifolia*, Phytolaccaceae. Árvore nativa do Brasil. É planta de Exu. Os galhos são usados para fazer sacudimentos em casas e locais de trabalho. As folhas também servem para banhos fortes de descarrego.

PAU-FORMIGA. Formigueiro, pajeú, vara-santa, pau--de-novato. *Triplaris americana*, Polygonaceae. Árvore nativa do Brasil. A espécie tem plantas macho, com pequenas flores brancas, e plantas fêmea, com cachos de grandes flores vermelhas. As flores vermelhas são aceitas por Exu.

PAU-SANTO. O mesmo que Canjerana.

PERIQUITINHO. O mesmo que Abre-caminho.

PERPÉTUA. Amaranto-globoso, pérpétua-roxa, imortal, paratudo, suspiro, suspiro-roxo. Ior.: èkèle gbàrá; ang.: mukuxi. *Gomphrena globosa*, Amaranthaceae. Erva nativa do Brasil, atribuída a Exu.

PICÃO. Picão-preto, carrapicho-agulha. Ior.: abere olooko. *Bidens pilosa*, Asteraceae. Erva nativa do Caribe, naturalizada no Brasil. Planta de Exu e Oxum, considerada "erva brava". Para Exu, é usada em pó para feitiços.

PICÃO-DA-PRAIA. O mesmo que Carraicho-rasteiro.

PIMENTA. Nome dado no Brasil a diversas plantas dos gêneros: Capsicum (*C. baccatum* — pimentas de-do-de-moça, cumari, cambuci; *C. frutescens* — pimenta-malagueta, caiena); Piper (*P. aduncum* — pimenta-de-fruto-ganchoso, aperta-ruão; *P. betle* — betel; *P. cubeba* — cubeba; *P. guineense* — pimenta-de-são-tomé; *P. longum* — pimenta-longa; *P. nigrum* — pimenta-do-reino); Pimenta (*P. dioica* — pimenta-da-jamaica); Aframomum, (*A. melegueta* — pimenta-da-guiné, malagueta); Xylopia (*X. aethiopica*, pimenta-da-áfrica; *X. aromatica* — pimenta-de-macaco, bejerecum; *X. sericea* — pimenta-dos-negros) e Psittacanthus (*P. cucullaris* — pimenta-longa). Todas as pimentas são de Exu.

PIMENTA-D'ÁGUA. Oripepê, acataia, cataia, cravina-d'água, erva-de-bicho, pimenta-do-brejo, persicária, capiçoba, curage, capitiçoba, capitiçova, potincoba. Ior.: awurepepe. *Polygonum persicaria*, Polygonaceae. Erva nativa do Brasil. Embora seja folha de Oxum e Oxalá, a flor é aceita por Exu.

PIMENTA-DA-COSTA. Pimenta-atarê, grão-do-paraíso, malagueta, pimenta-da-guiné. Ior.: ataare;

ang.: cabela. *Aframomum melegueta*, Zingiberaceae. Erva nativa da África. É a malagueta original, substituída no Brasil pela Pimenta-malagueta (ver). É importada e vendida como fava (o fruto seco de que são usadas as sementes) em lojas de artigos religiosos. Tem amplo uso em rituais religiosos.

PIMENTA-DARDA. Pimenta-longa, pimenta-de-macaco. *Piper tuberculatum*, Piperaceae. Arbusto nativo do Brasil. É usada em rituais de assentamento de Exu e em banhos fortes de descarrego.

PIMENTA-DE-MACACO. Bejerecum. *Xylopia aromatica*, Annonaceae. Árvore nativa do Brasil, usada em rituais de assentamento de Exu.

PIMENTA-DEDO-DE-MOÇA. Pimenta-chifre-de-veado, pimenta-calabresa (seca e triturada em flocos). *Capsicum baccatum*, Solanaceae. Erva nativa do Brasil. Lojas de artigos religiosos vendem essa pimenta seca (na forma de pimenta-calabresa) tingida e denominada pimenta verde, pimenta preta etc., mas sem ser as variedades da Pimenta-do-reino que têm naturalmente essas cores.

PIMENTA-DO-REINO. Pimenta-preta, pimenta-branca, pimenta-verde, pimenta-vermelha (conforme o grau de amadurecimento dos frutos). *Piper nigrum*, Piperaceae.

PIMENTA-MALAGUETA. Ior: ata. *Capsicum frutescens*, Solanaceae. Nativa da América Central, naturalizada no Brasil.

PIMENTA-ROSA. Fruto da Aroeira (ver).

PINHÃO-BRANCO. Pião, pinhão-de-purga, pinhão-manso, purgueira, pinhão-paraguai, mandobiguaçu. Ior.: bòtúje funfun. *Jatropha curcas*, Euphorbiaceae. Arbusto nativo do Brasil, atribuído a Exu e Iansã. É usado para banhos fortes de descarrego e trabalhos para quebrar feitiços, afastar mau-olhado e vencer demandas. O pé de pinhão-branco é local para entrega de oferendas a Exu.

PINHÃO-CORAL. Mertiolate, flor de coral, coral, coral-dos-jardins, flor-de-sangue. Ior: bòtúje. *Jatropha multifida*, Euphorbiaceae. Árvore nativa do Brasil. É usada em banhos fortes de descarrego e em ebós de defesa.

PINHÃO-ROXO. Pião-roxo. *Jatropha gossypiifolia*, Euphorbiaceae. Arbusto nativo do Brasil, atribuído a Exu e Iansã. Tem os mesmos usos do pinhão-branco. Os galhos são empregados em sacudimentos de casas.

PIXIRICA. Tapixirica. Nome dado a diversas plantas da família Melastomataceae, como: pixirica (*Clidemia hirta*), pixirica-preta (*Leandra australis*), pixirica-branca (*Miconia hyemalis*) e pixiricão (*Miconia cabussu*). São ervas ou arbustos nativos do Brasil, todos atribuídos a Exu e com os mesmos usos religiosos. As folhas são usadas na confecção de um pó de mudança para feitiços destinados a resolver problemas com a força de Exu.

PÓ-DE-MICO. O mesmo que Olho-de-boi.

QUIXABEIRA. Quixambeira, quixaba, quixaba-preta, rompe-gibão. *Sideroxylon obtusifolium*, Sapotaceae, Árvore nativa do Brasil, atribuída a Exu e aos eguns, cujas oferendas podem ser entregues junto à planta. As folhas são usadas em banhos de descarrego.

RABO-DE-GATO. Acalifa-rasteira. *Acalypha chamaedrifolia*, Euphorbiaceae. Arbusto nativo da Ásia, cultivado no Brasil como ornamental. As flores vermelhas, que parecem rabinhos peludos, podem ser dadas a Exu.

RABO-DE-RAPOSA. O mesmo que Cascaveleira.

ROMPE-GIBÃO. O mesmo que Quixabeira.

ROSA. Roseira. *Rosa sp.*, Rosaceae. Arbusto nativo da Ásia, naturalizado no Brasil e cultivado pelas flores ornamentais e cores variadas. As rosas vermelhas são flores de Pombagira.

SALSA. *Petroselinum crispum*, Apiaceae. Erva nativa da Europa e naturalizada no Brasil. É uma das plantas de Exu, usada em banhos de descarrego.

SAPATINHO-DO-DIABO. Dois-amores, dois-irmãos, picão, sapatinho-de-judeu, sapatinho-dos-jardins. *Pedilanthus tithymaloides*, Euphorbiaceae. Arbusto tipo suculenta, nativo do Brasil. As folhas secas são usadas para fazer um pó benéfico para encantamentos ligados aos negócios.

SAPÊ. Sapé, capim-sapé, juçapé. Ior: ekun. *Imperata brasiliensis*, Poaceae. Erva nativa do Brasil. É usada para fazer o telhado da casa de Exu e também para banhos dessa entidade.

SEMPRE-VIVA. Sempre-viva, flor-de-palha. *Xerochrysum bracteatum*, Asteraceae. Erva nativa da Austrália, cultivada como planta ornamental e flor de corte no Brasil. A flor é aceita por Exu.

SENSITIVA. O mesmo que Dormideira.

TAJUJÁ. Tayuya, abobrinha-do-mato, ana-pinta, cabeça-de-negro, caiapó, purga-de-gentio, raiz-de-bugre, taiuiá-de-fruta-envenenada, tomba. *Cayaponia tayuya*, Cucurbitaceae. Trepadeira nativa do Brasil. É planta de Exu, usada em banhos fortes de descarrego.

TAMIARANA. Tamiaranga, tamearama, tamearana, caajacara, tamiarama, tamiarana, urtiga-tamearama, cipó-tripa-de-galinha, caa-jassara. *Dalechampia scandens*, Euphorbiaceae. Trepadeira nativa do Brasil, com folhas urticantes. É erva de Exu, usada em banhos fortes de descarrego e em ebós de defesa.

TAPIXIRICA. Ver Pixirica.

TEJUCO. Ver Cabeça-de-negro.

TENTO-DE-EXU. Olho-de-exu, olho-de-cabra, jequiriti, olho-de-pombo, tento-miúdo, olho-de-saci, amor-de-negro, carrapicho-de-carneiro, espinho-de-agulha, fava-de-exu, grãos-de-rosário, jiquiri, pau-de-santo-inácio, tento. Ior:

owérenjèjé, ewé àse, ewé ojú ewúre. *Abrus precatorius*, Fabaceae. Trepadeira nativa do Brasil. É uma das folhas de Exu. A semente bicolor, preta e vermelha, é a chamada fava tento-de-exu. É usada em rituais, feitiços e amuletos de proteção.

TINHORÃO. Caládio, tajá, taiá, coração-de-jesus. *Caladium bicolor*, Araceae. Erva nativa do Brasil, cuja folhagem pode ter diversas cores: verde, branco, rosa, vermelho, roxo. O tinhorão de folha roxa é de Exu.

TINTUREIRA. Erva-dos-cachos, caruru-de-cacho, caruru-bravo, vinagreira. *Phytolacca americana*, Phytolaccaceae. Arbusto nativo da América do Norte, naturalizado no Brasil. As folhas são usadas em banhos fortes de descarrego, e a planta serve como local para entrega de oferendas e Exu.

TIRIRICA. O mesmo que Dandá-da-costa.

TRAPOERABA. Marianinha, olhos-de-santa-luzia, capim-gomoso, maria-mole. *Commelina diffusa*, Commelinaceae. Erva nativa do Brasil, atribuída a Exu, Nanã e Omolu. É usada para banhos. Para Exu, deve ser colhida na beira de ruas ou estradas, com o dia avançado e sol já quente.

UNHA-DE-EXU. Fruto seco da garra-do-diabo (ver), preparado de forma a ficar com uma tonalidade de madeira escura.

UNHA-DE-GATO. Cipó unha-de-gato, cipó espera-aí. *Uncaria tomentosa*, Rubiaceae. Trepadeira nativa do Brasil. Caracterizada pelos pares de espinhos que nascem na haste, na base das folhas. Planta de Exu, considerada "erva brava".

UNHA-DE-POMBAGIRA. O mesmo que unha-de-exu (ver), preparada de forma a ficar com uma tonalidade de madeira clara.

URTIGA. Nome dado a diferentes espécies de ervas nativas do Brasil e com as mesmas propriedades da urtiga europeia. Cada uma também é conhecida por nomes variados, como veremos a seguir. Cansanção, cansanção-da-folha-grande, cansanção-verdadeiro, urtiga-cipó, urtiga-de-folha-grande, urtiga-grande, urtiga-graúda, urtiga-maior, urtigão, gratia-dei: o mesmo que Urtiga-branca. Cansanção-de-porco: o mesmo que Urtiga-da-bahia. Arre-diabo, cansanção-branco-de-leite, folha-de-fogo, urtiga

-brava, urtiga-cansanção, urtiga-de-mamão: o mesmo que Urtiga-de-leite. Cansanção-roxo, queimadeira, urtiga-brava, urtiga-fogo, urtiga-miúda, urtiga-roxa: o mesmo que Urtiga-vermelha. Cipó-urtiguinha, cipó-de-leite, tamiarana: o mesmo que Urtiguinha-de-cipó.

URTIGA-BRANCA. Cansanção, cansanção-da-folha-grande, cansanção-verdadeiro, urtiga-cipó, urtiga-de-folha-grande, urtiga-grande, urtiga-graúda, urtiga-maior, urtigão, gratia-dei. Ior.: ewé èsìsì; ang.: kisaba mixinga. *Laportea aestuans*, Urticaceae. Erva nativa do Brasil. É uma das ervas de Exu. É usada em ebós de defesa, em banhos fortes de descarrego e nos rituais de assentamento de Exu. Também serve para preparar pós para trabalhos na força de Exu.

URTIGA-DA-BAHIA. Cansanção-de-porco. Ior.: ewé kankan. *Cnidoscolus pubescens*, Euphorbiaceae. Erva nativa do Brasil. Tem folhas urticantes, mas é usada na alimentação. Tem os mesmos usos da urtiga-branca.

URTIGA-DE-LEITE. Arre-diabo, cansanção-branco-de-leite, folha-de-fogo, pinha-queimadeira, urtiga-cansanção, urtiga-brava, urtiga-de-mamão. Ior.: ewé iná. *Cnidoscolus urens*, Euphorbiaceae. Erva nativa do Brasil. Tem os mesmos usos da urtiga-branca.

URTIGA-VERMELHA. Cansanção-roxo, queimadeira, urtiga-brava, urtiga-fogo, urtiga-miúda, urtiga--roxa. Ior.: ewé ajofa ou jojofa. *Urera baccifera*, Urticaceae. Arbusto nativo do Brasil. Tem os mesmos usos da urtiga-branca.

URTIGUINHA-DE-CIPÓ. Cipó-urtiguinha, cipó-de-leite. *Tragia volubilis*, Euphorbiaceae. Trepadeira nativa do Brasil. Tem os mesmos usos da urtiga-branca.

VASSOURINHA-DE-RELÓGIO. Vassoura-de-relógio, guanxuma-branca, guaxima, malva, malva-brava, malva-preta, relógio, vassoura-do-campo. *Sida rhombifolia*, Malvaceae. Erva nativa do Brasil. Folha usada em sacudimentos de casas e locais de trabalho, na força de Exu.

VASSOURINHA-PRETA. Vassoura-preta, malva-baixa, malva-brava, malva-reloginho, vassoura, vassourinha, relógio-vassoura, guanxuma, guaxima, relógio-de-vaqueiro, tupitixa, tupixá, vassoura-tupitixa. *Sida planicaulis*, Malvaceae. Erva nativa do Brasil. Folha de Exu.

XIQUEXIQUE. Alastrado. *Pilosocereus gounellei*, Cactaceae. Cacto nativo do Nordeste. Como todos os cactos, é planta de Exu. Não deve ser confundido com a Cascaveleira (ver), também chamada de xiquexique.

Referências

ADRIANO de Exu. *Os orixás e as suas ervas, flores e frutas*. <http://adrianoexu.blogspot.com>

BARROS, José Flávio Pessoa de. *A floresta sagrada de Ossaim*: o segredo das folhas. Rio de Janeiro: Pallas, 2010.

CANDOMBLÉ, o mundo dos orixás. *As ervas*. <http://ocandomble.wordpress.com/ervas/>

CLAUDIO de Oxalá. *Ervas dos orixás*. <http://paiclaudiodeoxala.no.comunidades.net/index.php?pagina=1688444886>

EMBRAPA. <http://www.embrapa.br/>. Informações sobre plantas cultivadas no Brasil.

ERVAS de cada orixá na Umbanda. <http://umbandapazeamor2.blogspot.com.br/2013/01/o-
-poder-das-ervas-na-umbanda.html>

FOLHAS sagradas. <http://cultoaorixa.blogspot.com.br/p/orixa-ossae.html>

JARDIM BOTÂNICO RJ. *Lista de espécies da flora do Brasil*. Disponível para pesquisas on-line em <http://floradobrasil.jbrj.gov.br/jabot/listaBrasil/PrincipalUC/PrincipalUC.do>.

KOSELÉ Omo orisá Sonponnon. *A natureza e seus remédios*. In: ossáin e suas folhas sagradas <http://www.orkut.com/CommMsgs?cmm=46144852&tid=5618339950786246308>

LORENZI, Harri. *Plantas daninhas do Brasil*: terrestres, aquáticas, parasitas e tóxicas. 4. ed. Nova Odessa: Instituto Plantarum, 2008.

LORENZI, Harri et al. *Frutas brasileiras e exóticas cultivadas*: de consumo in natura. São Paulo: Instituto Plantarum de Estudos da Flora, 2006.

LORENZI, Harri et al. *Plantas tóxicas*: estudo de fitotoxicologia química de plantas brasileiras. São Paulo: Instituto Plantarum de Estudos da Flora, 2011.

LORENZI, Harri; MATOS, F. J. Abreu. *Plantas medicinais no Brasil*: nativas e exóticas. 2. ed. Nova

Odessa: Instituto Plantarum, 2008.

LORENZI, Harri; SOUZA, Hermes Moreira. *Plantas ornamentais no Brasil*: arbustivas, herbáceas e trepadeiras. 3. ed. Nova Odessa: Instituto Plantarum, 2001.

MARTA de Obá. *Folhas de Exu*. <http://www.maemartadeoba.com.br/folhasafro.htm>

MILAGRES, Agostinho Silva. <http://www.maze.kinghost.net/default.aspx>

PLANT LIST, The. Version 1, 2010. <http://www.theplantlist.org>. (Site sobre Botânica criado pela colaboração entre Royal Botanic Gardens, Kew and Missouri Botanical Garden)

RAQUEL CAIN. *A religião que eu amo e me motiva a viver!* <http://raquelcain.wordpress.com>

VERGER, Pierre Fatumbi. *Ewé*: o uso das plantas na sociedade iorubá. São Paulo: Companhia das Letras, 1995.

WIKIPÉDIA. <https://pt.wikipedia.org/wiki/Wikipédia:Página_principal>

Este livro foi impresso em janeiro de 2016, na Gráfica Impressul, em Jaraguá do Sul.
O papel de miolo é o offset 70g/m² e o de capa é o cartão 250g/m².